共通テス

文化

JN022339

菅野 祐孝 著

教学社

はしがき

　本書は大学入学共通テスト（以下，共通テスト）日本史で文化史の重点対策を行うための参考書である。センター試験では毎年必ず文化史の問題が出題されていた。共通テストでも同じ傾向は続くだろう。「必ず出る」とわかっている以上，なんらかの手を打たないといけない。だけど，文化史を苦手とする受験生は多く，その対策はどうしても後まわしになってしまいがちだ。＜文化史＝暗記＝苦手＝敬遠＞という悪循環が，ますます受験生を遠ざけてしまっている。

　「文化史対策」と銘打った参考書は多い。しかし，どれも要点を並べて暗記させるだけで，なかなか受験生の心に届くものがなかった。**この本は違う。**あの退屈極まりない文化史を，ホントにわかりやすく，ソフトにまとめている。無理なく読めて，しかも頭に入りやすいように，短いフレーズで読者のみんなに語りかけている。

　文化史を得意とするためには，まず自分がその時代に生きていると**イメージしてみる**ことが大切だ。戦乱の絶えない時代に生まれたとしたら，貧・病・争から脱却す

るために，何にすがり，何を求めるだろう？　原始時代に迷い込んだとしたら，どんな道具をつくって，どのように使ったら便利だろう？　自分に置き換えて想像してみると，歴史はグッと身近に思えてくるものだ。

　文化史は単語暗記ではない。**時代背景を理解すること**が先決だ。この本は，単に文化史の要点を羅列したものではなく，時代背景の理解の中で，それぞれの時代の文化についてコメントを加えたものだ。だから**物語として読んでほしい**。そして，どんどんイメージを膨らませてみよう。＜文化史＝読み物＝楽しい＝頭に自然に入る＞という良い循環が生まれるはずだ。

　そしていつの間にか文化史に対する意識が変わり，それが大きく得点に結びついていけば，著者としては望外の喜びである。

　　　　　　　　　　　2020 年　春　　菅野祐孝

◆◆◆目　次◆◆◆

本書に掲載している図版（写真・イラスト）について

●出典の年度が表記されている図版は，過去のセンター試験および共通テストの試行調査において実際に登場したものです。

〔出典表記の例〕

（15本 1 ）…… 2015年度「日本史B」本試験 第 1 問

（99A 追 2 ）… 1999年度「日本史A」追試験 第 2 問

（18試行 2 ）… 2018年度共通テスト試行調査「日本史B」第 2 問

●以下の写真については著作権の都合上，類似の写真と差し替えています。

p. 9　火焔土器

p. 10　土偶（左側，右側）

p. 19　家形埴輪

　　　人物埴輪

p. 20　副葬品（兜）

p. 21　須恵器

p. 38　東大寺法華堂不空羂索観音像

p. 67　東大寺南大門

p. 98　日光東照宮陽明門

●一部の図版は編集部で作成したイラストです（模写）。資料集などで実際の写真も確認しておきましょう。

第1章

原始時代

primitive age

原始時代はあまりにも遠い。
しかし，覚えるべきことはそれほど多くない。

原始文化の基礎知識

まず最初に…

原始時代の基本的な知識とポイントを紹介しよう。

✓ 原始時代の区分

原始時代の文化は，旧石器文化➡縄文文化➡弥生文化の順に展開する。あまりにも遠い昔の話だが，押さえるべきことはそれほど多くない。

> **旧石器** ～13000年前ごろ
> **縄文** 13000年前ごろ～紀元前5世紀ごろ
> **弥生** 紀元前5世紀ごろ～紀元後3世紀ごろ

✓ 遺跡は超重要なものだけに絞る

> **旧石器** 岩宿遺跡（群馬県）
> **縄文** 三内丸山遺跡（青森県） ⎫ 頻出御三家！
> **弥生** 吉野ヶ里遺跡（佐賀県） ⎭

これらは原始遺跡の頻出御三家だ。絶対にはずせない。もう少し外堀を埋めておくと，右ページの地図に示したものが**最もよく出る重要な遺跡**ということになる。

共通テストも地図問題を重視するから，遺跡名だけを覚えても安心できない。「時代・遺跡の特徴・地図上の位置・現在の県名」などをセットで頭に叩き込もう！

✓ 試験によく出る原始時代の遺跡はこれだ！

原始文化遺跡の頻出御三家
- 旧石器 岩宿遺跡（群馬）
- 縄文 三内丸山遺跡（青森）
- 弥生 吉野ヶ里遺跡（佐賀）

縄文 亀ヶ岡遺跡（青森）

弥生 登呂遺跡（静岡）

弥生 唐古・鍵遺跡（奈良）

弥生 加茂岩倉遺跡（島根）

弥生 神庭荒神谷遺跡（島根）

✓ 注目すべきポイント

　原始社会に生きた人々がどんな暮らしをしていたか，その生活ぶりについての知識が試される。

◎食料の種類・獲得方法
◎住居の形態・集落のあり方
◎道具の材質・用途・形
◎死者の葬り方・墓のあり方

＊　　＊　　＊　　＊　　＊

　それでは，それぞれの文化の特徴をつかんでいこう。

旧石器文化

旧石器時代は…

寒冷な時代。氷期にはアジア大陸と陸続きになった。

✓ 大型動物を追いかけて…

地質学では<ruby>更新世<rt>こうしんせい</rt></ruby>にあたる。氷期と<ruby>間氷期<rt>かんぴょうき</rt></ruby>が交互におとずれた寒冷な時代。氷期には海面が下がり，日本は北と南で**アジア大陸と陸続き**になった。

このため，北方からは**マンモスやヘラジカ**，南方からは**ナウマンゾウやオオツノジカ**などの**大型動物**が渡来した。これらの大型動物を追いかけて，**人類も大陸から移り住んできた**と考えられている。

✓ 入試に出る化石人骨

①浜北人骨(静岡県)
②港川人骨(沖縄県)

　この2つは必ず覚えておこう！　進化の段階でいえば,ともに新人にあたる。

✓ 人々の暮らし

　人々は大型動物の狩猟と植物の採集によって食料や衣服の材料を手に入れた。テント式の小屋や洞穴を住居として,獲物や植物を求めて**移動生活**を強いられた。

✓ 道具は打製石器

　握槌・握斧,打製石斧のほかに,ナイフ形石器や尖頭器が登場した。また,旧石器時代の終わりごろには,細石器と呼ばれる小型の石器が出現した。

握槌・握斧
叩く・割る・切るなど

ナイフ形石器
ナイフや槍先として使用

尖頭器
槍先として使用

細石器
木や骨に装着し,槍として使用

縄文文化

縄文時代は…

地質年代では完新世。氷河期が終わり，気候が温暖化する。

✓ 日本列島が誕生！

気候の温暖化➡海面が上昇➡日本列島の誕生！

今から 1 万 3000 年ほど前に長い氷河期が終わり，気候が温暖化しはじめた。氷が溶けて**海面が上昇**し，大陸から切り離され，**現在のような日本列島**が姿を現した。

✓ 自然環境の変化

海面の上昇により，海岸では入江や砂浜が発達した。また，それまでの針葉樹林に代わって広葉樹林が発達し，西日本ではカシ・シイなどの照葉樹林（常緑広葉樹林），東日本ではブナ・ナラなどの落葉広葉樹林が広がった。こうして，現在に近い**自然環境**が整ったのである。

縄文時代の暮らし

自然環境の変化によって，食料の獲得方法が多様化した。

✓ 漁労がさかんになった

入江・砂浜の発達により，漁労がさかんになった。

各地で発見されている丸木舟は，高度
な遠洋航海技術があったことを示してい
る。石錘・土錘は「錘（おもり）」であ
り，網漁が行われていたこともわかって
いる。釣針や銛といった骨角器が使われ
たことも有名だ。

骨角器（釣針）

✓ 弓矢の登場

氷河時代の大型動物が絶滅し，シカ・イノシシ・ウサ
ギなどの中小動物が増えた。このため，これらの素早い
動物を捕獲するために弓矢が開発された。

✓ 豊かな植物資源

気候の温暖化によって植物資源が豊富になった。また，
土器が発明されて，ドングリやトチなどの木の実のアク
抜きや煮炊きも可能になった。さらに縄文人は，クリや
ヒョウタンなども栽培していたという。

✓ 定住生活のはじまり

> 自然環境の変化➡食料が豊富に➡定住が可能に！

食料資源が豊かになったことにより，食料を求めて移
動する必要がなくなり，人々は水系に恵まれた台地など
に竪穴住居を営んで定住した。竪穴住居の中央には炉が
あって，そこで煮炊きをしたようだ。

住居は広場を中心に馬蹄形に並び，環状集落を形成し
ていた（弥生時代の環濠集落と混同しないこと！）。共
同墓地や食料の貯蔵穴をもつ集落もあった。

旧石器 縄文 弥生

古墳

飛鳥 奈良

平安

鎌倉

室町

江戸

昭和

✓ 「貝塚＝ゴミ捨て場」が通説

1877 年にアメリカ人のモース（→ p. 148）が大森貝塚を発見し，日本でも本格的に貝塚探究がはじまった。

貝塚からは，貝殻はもちろん，魚類の骨なども出土する。だから，当時の食生活を知るには絶好の遺跡である。また，人骨が出土することもあるので，葬送の場でもあったようだ。千葉県の加曽利貝塚は国内最大級の貝塚だ。

✓ 交易は存在した

石器の材料である黒曜石やサヌカイト（讃岐石），装身具用のひすい（硬玉）などの分布から，縄文時代にはかなり広い範囲で交易が行われていたと推定されている。鉱物と産出地はセットで覚えること。

> 黒曜石………白滝（北海道），和田峠（長野県）
> サヌカイト…二上山（奈良県）
> ひすい………姫川流域（新潟県）

縄文文化といえば…

何といっても縄文土器。また，磨製石器も登場した。

✓ 「縄文土器」と呼ばれて

縄文時代には土器が発明された。低温で焼かれているためもろく，厚手で黒褐色。表面に縄をころがしてつけた文様があるものが多いことから「縄文土器」と呼ばれている。

土器の形状により，縄文時代は草創期・早期・前期・中期・後期・晩期の 6 期に区分されている。

なお，すべての土器に縄目文様が入っているわけではない。文様のないものや，中期の火焔土器のように複雑な文様をもつものもある。形状も様々だ。

火焔土器（97追1）
新潟県長岡市教育委員会所蔵

✓ 磨製石器の登場

それまでの打製石器に加えて，磨製石器が登場した。「名前・用途・形」をセットで覚えておくことが大切。

石鏃（せきぞく）
矢の先端につける

石匙（せきひ）
動物の皮などをはぐ

石皿
植物の実などを
すり石で押しつぶす

縄文人の信仰は…

アニミズム。すべてのものに精霊が宿ると考えられた。

✓ アニミズムとは

縄文時代の生活はまだまだ自然の力に大きく左右されたため，人々はすべてのものに精霊が宿ると考え，崇拝した。これをアニミズムという。人々は呪術によって災いを避けようとして，自然の恵みを願う祭祀を行った。

また，縄文中期以降には，成人式を意味する人生の通過儀礼として抜歯（ばっし）が行われた。

✓ 土偶は女性形が多く，東日本に分布

土偶は文字通り「土でつくった偶像」。女性を形どっ
たものが多いことから，豊猟や安産を願ったものと考え
られている。ほとんどが壊れた形で出土しているので，
魔除けに使われた呪術用具と見る向きもある。東日本に
多く分布しているのも大きな特徴だ。

土偶（06 本 1）
是川中居遺跡出土土偶，八戸市埋蔵
文化財センター是川縄文館所蔵

土偶（96 本 2）
Image：TNM Image
Archives

✓ あの世への旅立ち

縄文時代には貧富の差がなかったため，死者は集落内
の共同墓地に葬られた。手足を折り曲げた屈葬が多かっ
たのは，死者の霊魂が生きている人々に災いをもたらす
と畏れられたためである。また，貝殻製の腕輪や勾玉な
どの装身具が副葬品として用いられた。

なお，秋田県の大湯遺跡などに見られる環状列石（ス
トーン=サークル）は墓地の跡と推定されている。

✓ 三内丸山遺跡の調査によって縄文観が激変した！

三内丸山遺跡（青森県）は縄文中期の大集落遺跡。巨
木を使った6本の柱の穴跡なども発見されたことから，
クリの栽培が行われていたこともわかってきた。人々は
ここで長い間定住生活を営んでいたことから，縄文時代
＝移動生活の時代という考え方は完全に否定された。

弥生文化

弥生文化は…

稲作（水稲耕作）を基礎とする文化。西日本からはじまった。

✓ 水稲耕作の本格化

稲作は朝鮮半島に近い九州北部ではじまった。水稲耕作の開始そのものは縄文時代の終わりごろ。弥生時代にはそれが「**本格化**」した。稲作を中心とする弥生文化は西日本で成立し，やがて東日本にも広まっていった。

✓ 農業技術は高水準

はじめは低湿地に湿田がつくられたが，やがて灌漑施設をもった乾田が開発され，生産性が高まった。また，種籾の直播だけでなく，すでに**田植え**もはじまっていた。収穫には**石包丁**を用いて穂首刈りが行われた。

石包丁（94本2）

地域によっては雑穀も栽培され，狩猟や漁労もさかんだった。**ブタの飼育**がはじまったのも弥生時代なのだ。

✓ 農具は素材と用途に注目！

耕作具	木鍬（きくわ）・木鋤（きすき）➡（鉄器化）鉄鍬・鉄鋤
収穫具	石包丁➡（鉄器化）鉄鎌
脱穀具	木臼（きうす）・竪杵（たてぎね）
その他	田舟（たぶね）・田下駄（たげた）

✓ 農具は進化した！

　はじめは石器や鉄器を用いて**木製農具**が製作されたが，後期になると鉄製の刃先をもつ**鉄製農具**が登場した。農具の鉄器化が進むと，石器は姿を消していき，収穫においても**鉄鎌**を用いた根刈りが行われるようになった。

✓ 田んぼでもスイスイ

　田舟は収穫した稲穂の運搬具。田下駄は足が湿田にはまりこむのを防ぐための履物。「下駄」ということからもわかるように，日本人の履物のルーツだ。

田下駄（92本2）

✓ 農耕集落のほかに軍事色の強い集落が登場！

　唐古（からこ）・鍵遺跡（奈良県）は日本最大級の**環濠集落**遺跡で多数の弥生土器とともに木製農具が大量に出土した。農耕遺跡では登呂遺跡（とろ）（静岡県）も有名だ。畦（あぜ）で仕切られた水田跡や高床倉庫なども出土した。環濠集落といえば墳丘墓や物見櫓（やぐら）なども備わっていた吉野ヶ里遺跡（よしのがり）（佐賀県）も忘れてはならない。弥生中期以降になると，瀬戸内海沿岸の地域に紫雲出山遺跡（しうでやま）（香川県）のように**高地性集落**も登場する。環濠集落とともに軍事的で防御

性の強い景観をもつことから，弥生時代が富の分配をめぐる戦いの時代だったことがわかる。それぞれの遺跡の位置や集落の分布地域についても確認しておこう（→ p. 3）。

> 環濠集落……九州から関東にかけて広く分布
> 高地性集落…近畿から瀬戸内海沿岸の山頂・丘陵に分布

弥生といえば…

金属器（鉄器＋青銅器）。そして何より弥生土器。

✓ 金属器の使いみち

金属器。つまり，**鉄器**と**青銅器**だ。鉄器と青銅器はほぼ同時期に伝来した。青銅は銅と錫の合金で，意外にもろい。だから，農具・工具・武器などには鉄器が用いられた。青銅器はもっぱら祭器や権威の象徴として使われるようになり，しだいに**大型化**していった。

鉄器と青銅器の**用途の違い**は，よく出題されている。しっかり頭に叩き込んでおこう！

> 鉄 器…農具・工具・武器（実用向き）
> 青銅器…祭器（権威の象徴）

✓ 青銅器の種類

青銅器には銅鐸・平形銅剣・銅矛・銅戈などがある。それぞれの分布地域や形にも注意しよう。

銅鐸
近畿地方

平形銅剣
瀬戸内海沿岸

銅矛　　**銅戈**
九州北部

　しかし，神庭荒神谷遺跡（島根県）からは銅剣 358 本，銅矛 16 本，銅鐸 6 個が，またそのすぐ南東の加茂岩倉遺跡からは銅鐸 39 個が出土している。今後の発見によっては，青銅器の分布地域が変わってくる可能性もある。

✓ 弥生土器の登場！

　弥生土器は，「弥生町」（現在の東京都文京区）というところで発見されたことからその名がある。「**地名に由来する**」ということが大事。縄文土器とは違う。

　高温で焼かれた**赤褐色**の土器で，縄文土器に比べて薄手で硬い。両者の違いをしっかり押さえること。

✓ 用途もセットで覚えよう！

　甕は煮炊き用，壺は貯蔵用，高杯には食べ物を盛った。米は甑で蒸した。

甕
煮炊き用

壺
貯蔵用

高杯
盛り付け用

弥生時代の暮らし

生産力が高まり，**余剰生産物**が生まれ，貧富の差が発生した。

✓ 弥生時代は格差社会？

時代とともに生産力が高まり，**余剰収穫物**も生まれた。貯蔵のための**高床倉庫**も完成した。蓄えることのできる人々は富み，できない人々は貧しくなった。

こうして貧富の差が発生した。富める者は支配者になり，貧しい者は被支配者になった。ここから人間社会は大きく2つに分かれていく。

✓ はじめて戦争が起きた時代

権力の観念も生まれ，人々は**富の分配**をめぐって争いはじめた。人間の悲しい性である。集落間でのいざこざは，時として大きな戦いに発展した。弥生時代を日本で最初に戦争が起こった時代とする見方もある。

こうして，強い集落が周辺の集落を統合し，「**クニ**」と呼ばれる政治的なまとまりも各地に形成された。

✓ 弥生時代の墓制

死者は集落近くの共同墓地に葬られた。埋葬には**木棺**や箱式石棺が用いられ，両足を伸ばしたまま葬る**伸展葬**が一般的となった。

身分差の拡大により，盛り土をもった**大きな墓**も出現し，各地に独特の形をした墓が築かれた。

> **大きな墓の出現**
> 方形 周 溝墓…近畿地方中心。
> 墳 丘 墓………弥生後期以降，西日本に出現。
> 　　　　　　　山陰地方などの四隅突 出 墳丘墓が有名。

　また，特に**九州北部**では朝鮮半島の影響を受けた独特の墓制が発達している。**墓にも地域差が現れてきた**のだ。

> **九州北部の墓制**
> 甕棺墓…遺体を甕に入れて埋葬。
> 支石墓…甕棺や石棺を埋め，地上に大きい石を配置。

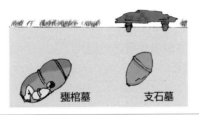

甕棺墓　　　　支石墓

✓ 北海道・沖縄では…？

　弥生文化は北海道や沖縄には伝わらなかった。北海道では続 縄 文文化，沖縄をはじめとする南西諸島では貝塚文化（南島文化）と呼ばれる独自の文化が続いた。

　両者ともに依然として漁労・採集が中心で，農耕は行われていない。

第 2 章

古 代

ancient times

大陸からの影響を強く受けつつも，
独自の文化を形成していく点に注目しよう。

古墳文化

古墳時代の文化

ヤマト政権下の文化は，古墳文化➡飛鳥文化➡白鳳文化と続く。

✓ 古墳の出現

古墳は首長を葬るための墓で，3世紀の後半に西日本を中心に出現した。古墳文化では，まずは前期・中期・後期それぞれの時期の「特徴」を具体的に押さえよう。

	前　期	中　期	後　期
時　期	3C後～4C	4C末～5C	6C～7C
古墳の形	前方後円墳	前方後円墳（巨大化）	群集墳
石　室	竪穴式石室（木棺・石棺）		横穴式石室（石棺）
副葬品	玉・鏡	武具・馬具	金銅製の工芸品土師器・須恵器
被葬者	司祭者的人物	武人的人物	家族墓

✓ どんな人が葬られた？

被葬者については，前期は司祭者的人物，中期は武人的人物と押さえておけばよい。被葬者が変われば副葬品や石室の構造も変わるので注意しよう。後期には家族墓として有力農民が葬られることも多くなった。

✓ 古墳の構造

　石室が前期・中期の竪穴式石室から後期には横穴式石室に変わったことも重要だ。

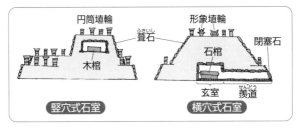

円筒埴輪　　　　形象埴輪

葺石（ふきいし）　　　　閉塞石

木棺　　　　石棺

玄室　　　羨道（せんどう）

竪穴式石室　　　　横穴式石室

✓ 埴輪（はにわ）も変わった！

　埴輪ははじめ円筒埴輪が多かったが，中期には形象埴輪（家・動物・人物など）も用いられるようになる。

家形埴輪（01 追 1）
奈良県立橿原考古学研究所
附属博物館

人物埴輪（95 本 1）
Image：TNM Image Archives

✓ 前期の古墳（3 世紀後半～ 4 世紀）

　前期は前方後円墳が多い。特に出現期の古墳では，前方後円墳は西日本に多く，東日本では前方後方墳が多い。遺体を納める石室は竪穴式石室。中には木棺・石棺が納められ，玉・鏡といった呪術品が副葬された。だから，被葬者は司祭者的性格をもっていた人物と推定される。

✓ **中期の古墳**（4世紀末〜5世紀）

中期になると，大阪平野を中心に**前方後円墳**は巨大化する。まわりに濠や小さな**陪冢**をもつものも出てきた。副葬品には鉄製の武具や馬具が多くなり，被葬者は武人的性格の持ち主だったらしい。

副葬品(兜)(01追1)
Image：TNM Image
Archives

最大級の前方後円墳を2つ覚えておこう。

①大仙陵古墳（大阪府堺市）墳丘長486m。
②誉田御廟山古墳（大阪府羽曳野市）墳丘長425m。

✓ **中央と地方のつながり**

中期になると古墳はあちこちにつくられるようになる。吉備（岡山県），日向（宮崎県），上毛野（群馬県）などでも巨大な前方後円墳が見られるようになった。

これは近畿地方を中心としながら，他の地域との間に**連合勢力**が形成されていたことを物語っている。

✓ **後期の古墳**（6〜7世紀）

後期になると山間部にも小さな**円墳**が密集してつくられるようになった。これを文字通り群集墳という。

後期の古墳では横穴式石室が多くなり，玄室は羨道によって外部と結ばれた。閉塞石を動かせば追葬ができるので，古墳は**家族墓的性格**をもつようになった。これは有力農民の台頭を物語るもので，ヤマト政権は彼らをも支配下に組み込もうとした。また7世紀中ごろになると，近畿の大王の中には他の首長層との差別化を図りながら権威を誇示するために独自に八角墳を営むものも現れた。

✓ 終末期の古墳

後期（6〜7世紀）のうち，7世紀を終末期と呼ぶこともある。高松塚古墳もその一つだ。詳しくは白鳳文化のところで触れよう（→ p. 32）。

古墳時代の生活

豪族(支配者)と一般民衆(被支配者)がはっきりと分離した。

✓ 古墳時代の土器

古墳時代の土器には，土師器と須恵器の2種類がある。

	由　来	特　徴	用　途	製作者
土師器	弥生土器	赤茶色	日用品	土師部
須恵器	朝鮮伝来	灰色・硬質	祭祀・副葬品	陶作部

土師器は弥生土器系。赤茶色で，おもに日用品に用いられた。

須恵器は高温で焼かれ，灰色・硬質。朝鮮伝来の技術でつくられ，祭祀などに用いられた。

土師器は土師部が，須恵器は陶作部がつくった。じゃあ土偶は？——縄文人がつくりました。

須恵器
（97追1）
和歌山県立紀伊
風土記の丘提供

✓ 動物の飼育

副葬品に馬具があることからもわかるように，4世紀以降には，大陸から馬が飼育技術とともに本格的に移入されたと考えられている。

牛は更新世から野牛がいたらしいが，飼育技術が本格

的に移入したのはやはり4世紀以降。牛・馬は軍事用・運搬用・耕作用として飼育されていくことになる。

「犬は縄文，ブタは弥生，牛馬は古墳」と覚えよう。

✓ 豪族の生活

それぞれの地域には，支配層である**豪族**が居館を構えていた。居館は一般民衆が住む地域とは離れた場所につくられた。居館の周りには環濠や柵列があり，豪族はそこで生活し，祭祀を執り行った。群馬県の三ツ寺Ⅰ遺跡や黒井峯遺跡などから，その状況が明らかになっている。

✓ 一般民衆の暮らし

一般民衆は竪穴住居や平地住居に住んでおり，村落には全体を囲むような環濠はなかった。竪穴住居の内部には炉に代わって**カマド**ができた。

✓ 神事と農耕儀礼

太占（ふとまに）	鹿の肩甲骨を焼いて占う
盟神探湯（くかたち）	熱湯に手を入れて氏姓の真偽を確かめる
禊（みそぎ）	水を用いてケガレをはらう
祓（はらえ）	水を使わずにケガレをはらう

神事については，上の4つを知っておこう。農耕儀礼としては，次の2つをチェックする。豊作を祈念して春に祈年祭（としごいのまつり），収穫を感謝して秋に新嘗祭（にいなめのまつり）が行われた。新嘗祭は現在の勤労感謝の日（11月23日）にあたる。天皇が即位した後に行われる最初の新嘗祭を大嘗祭（だいじょうさい）という。

大陸文化の流入

先進的な技術のほか，漢字・儒教・仏教も伝来した。

✓ 漢字が刻まれた代表的な遺物

①石上神宮七支刀（奈良県）
②隅田八幡神社人物画像 鏡（和歌山県）
③稲荷山古墳出土鉄剣（埼玉県）
④江田船山古墳出土鉄刀（熊本県）

石上神宮七支刀	隅田八幡神社人物画像鏡
61文字の銘文。百済王が倭王のためにつくった。	鏡の裏側に48文字の銘文が刻まれている。

✓ ワカタケル大王

　上に挙げた遺物のうち，ポイントは地方の古墳から出土した③と④。ともに「獲加多支鹵大王」と判読できる文字が刻んである。

　これは雄略天皇（＝倭王武）を指していると考えられており，5世紀にはヤマト政権の支配力が九州～関東地方北部に及んでいたと推定されている。

✓ 渡来人の役割

5世紀以降，朝鮮半島から多くの**渡来人**がやってきて，大陸の先進的な文化や技術を伝えた。

代表的な渡来人については，それぞれの役割と「〜氏の祖となった」というところをしっかり覚えること。

王仁	西文氏の祖	『論語』『千字文』によって漢字と儒教を伝える
阿知使主	東漢氏の祖	文筆に優れる
弓月君	秦氏の祖	養蚕・機織り技術を伝える

✓ 仏教の伝来

この時代には仏教も伝来した。公式には，百済の聖明王が欽明天皇に仏像や経論などを伝えたとされる。

なお，この仏教公伝の年代には2つの説があり，538年説は『上宮聖徳法王帝説』や『元興寺縁起』，552年説は『日本書紀』によるものである。

✓ 崇仏論争

仏教の受容をめぐっては，**蘇我稲目**は崇仏を唱え，**物部尾輿**は排仏を主張し，豪族たちの間で対立が起きた。世代交代ののちも対立が続いたが，587年に蘇我馬子が**物部守屋**を滅ぼして，一気に仏教受容へと傾いた。

＊　　＊　　＊　　＊　　＊

そして日本最初の仏教文化，飛鳥文化が開花する。

飛鳥文化

飛鳥文化は…

日本最初の仏教文化。推古天皇の時代が中心である。

✓ 飛鳥文化の特徴

　7世紀前半，推古天皇の時代に開花した日本最初の仏教文化で，中心地は飛鳥と斑鳩（いかるが）の2カ所。百済や高句麗，中国の南北朝時代の影響を多く受けている。

✓ ギリシアからの影響？

　法隆寺の柱は中央部分が膨らんでいる。これをエンタシスという。これは柱に安定感をもたせるためのもので，ギリシアのパルテノン神殿にも同じ技法が認められる。

　工芸では，法隆寺に伝わる獅子狩文様錦（ししかりもんようきん）。これには西アジアの影響が感じられる。

お寺といえば…

法隆寺。また，豪族たちも古墳に代わって氏寺（うじでら）を建立した。

✓ 法隆寺は再建された

　法隆寺金堂（こんどう）は，現存する世界最古の木造建築である。再建論争にもほぼ決着がついた。1939年に若草伽藍跡（わかくさがらん）

が発見され，創建当初の法隆寺は焼失し，現存する法隆寺は7世紀末の再建であるという説が有力となった。

✓ 氏寺は権威の象徴

豪族たちも各地に氏寺を建設し，寺院は古墳に代わって豪族の権威を示すものとなった。共通テストでは，蘇我氏の飛鳥寺と秦氏の広隆寺を押さえればいいだろう。

✓ 新しい建築技術

飛鳥寺は蘇我馬子が建立した寺院。本格的な伽藍配置をもつ初の寺院で，百済から伝えられた新しい建築技術が採用された。従来の掘立柱に代わり，礎石の上に柱が立てられ，瓦葺の屋根がかけられた大陸風の建物だった。

✓ 厩戸王の功績

厩戸王（聖徳太子）は法隆寺だけでなく四天王寺も建てている。また，仏教をよく勉強し，法華経・勝鬘経・維摩経の注釈書までつくっている。三経義疏だ。

✓ 幻の歴史書！？

さらに，厩戸王は蘇我馬子とともに歴史書を編纂した。『天皇記』『国記』である。しかし，これは蘇我氏の滅亡（645年）の際に焼かれたといわれている。

これより前，欽明天皇のころに成立した『帝紀』『旧辞』と混同しないように注意しよう。こちらは『古事記』『日本書紀』のもとになった資料の一つとされている（→ p. 41）。

飛鳥時代の美術

とうとう仏像が登場する。2つの様式の違いに注意！

✓ 仏像には2つの様式

　この時代の仏像は中国の南北朝時代の影響を受けており，北魏様式と南朝様式がある。両者に共通している点が一つある。慈愛に満ちた微笑みを口元にたたえている。これがアルカイック・スマイル（古拙の微笑）だ。

✓ 飛鳥時代の仏像①（北魏様式）

　まずは北魏様式。端正で力強い。杏仁形の眼・仰月形の唇が特徴だ。代表例は次の2つ。ともに金銅像で，鞍作鳥（止利仏師）がつくった。

①飛鳥寺釈迦如来像（飛鳥大仏）
②法隆寺金堂釈迦三尊像

法隆寺金堂釈迦三尊像
（00追2，93追2）

飛鳥寺釈迦如来像
（飛鳥大仏）

✓ 飛鳥時代の仏像② (南朝様式)

　次に南朝様式。北魏様式の仏像が硬い印象であるのに対し, こちらは柔和で丸みがある。代表例は次の3つ。すべて木像である。

① 広隆寺半跏思惟像
　　　　　　　(07本1)
② 中宮寺半跏思惟像
　　　　　　　(16追1)
③ 法隆寺百済観音像

　　国宝第1号として有名な広隆寺半跏思惟像。よく似た金銅像が韓国ソウルの国立中央博物館にある。

広隆寺半跏思惟像
(07本1)

✓ 仏像を比べてみよう

　広隆寺と中宮寺の半跏思惟像はどこが違うか？ 確かによく似ているが, 注意深く比べてみよう。

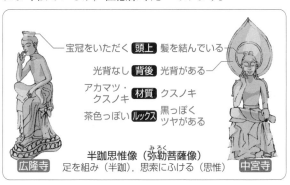

宝冠をいただく **頭上** 髪を結んでいる

光背なし **背後** 光背がある

アカマツ・クスノキ **材質** クスノキ

茶色っぽい **ルックス** 黒っぽくツヤがある

半跏思惟 (弥勒菩薩像)
広隆寺　足を組み (半跏), 思索にふける (思惟)　**中宮寺**

　仏像を見るときは, ただ漫然と眺めるのではなく, こ

のようにそれぞれの**特徴**を探すようにすればよい。

✓ 最古の刺繍

中宮寺には天寿国繍帳も
残された。断片だが，**日本最
古の刺繍**。これもよく出題さ
れる。

文化史の勉強は，建物・絵
画・彫刻・工芸品などすべて
写真の確認といってもいいだ
ろう。

天寿国繍帳
(01追1, 94追2)

✓ 渡来僧が伝えたもの

7世紀の初期，日本に貴重なものを伝えた僧侶がいた。

人物	国名	伝えたもの
曇徴	高句麗	紙・墨・彩色の技法
観勒	百済	天文・暦法

ここで正誤問題を一つ。

> 「7世紀のはじめ，百済から曇徴が来日し，紙・墨・彩
> 色の法を伝えた」
> ──○か×か。

（正解：×）

曇徴は百済ではなく高句麗からやってきた渡来僧。国
名と人名も結びつけて覚えよう。

白鳳文化

「初唐」ときたら…

白鳳文化。律令国家確立期の若々しい文化である。

✓ 白鳳文化の時代背景

　645年の乙巳の変（大化のクーデタ）あたりから，710年の平城遷都までの時代に開花した，貴族中心の仏教文化である。「律令国家の形成」という大きな国家目標に向かって前進していた時代。その精神が文化面にもあふれており，清新で明るいイメージが大きな特徴だ。

✓ 初唐文化の影響

　もう一つの大きな特徴は，中国の初唐文化（唐の初めごろの文化）の影響を受けているということだ。

　ここで正誤問題を一つ。

> 「初唐の文化は高句麗を通じて日本にもたらされた」
> ——○か×か。

(正解：×)

　初唐の文化は遣唐使や百済・新羅からの亡命者によって伝えられた。高句麗は668年に唐・新羅によって滅ぼされている。正誤問題ではこういうところにも注意したい。

白鳳期の仏教は…

国家による保護のもと，急速に発展していった。

✓ 白鳳時代の代表的寺院

寺院では，**天武天皇**によって創建された**大官大寺・薬師寺**を押さえればよい。

薬師寺は皇后**持統**の病気平癒を願って創建された。その**東塔**は，一見すると六重塔のようだが，**裳階**をもつ三重塔だ。明治時代にフェノロサ（→ p.149）は，これを「**凍れる音楽**」と形容している。

水煙

裳階 ┤ 三層

裳階 ┤ 二層

裳階 ┤ 初層

薬師寺東塔

なお，薬師寺も大官大寺もやがて平城京に移され，大官大寺は**大安寺**と名前を変えた。また，中央だけではなく，地方の豪族も競って寺院を建立している。

✓ 代表的な仏像

仏像では**興福寺仏頭**がある。おおらかで童顔な表情は，白鳳仏の特徴を最もよく伝えている。もとは山田寺の本尊の一部であったという。

もう一つ，白鳳期を代表する仏像に**薬師寺金堂薬師三尊像**がある。薬師如来とは，その名の通り，病人を救済する仏である。

興福寺仏頭
（16追1，02本2）

✓ 壁画の時代

白鳳期は「壁画の時代」である。法隆寺金堂壁画と高松塚古墳壁画。ペアで押さえておこう。

法隆寺金堂壁画（観音菩薩）
アジャンタ壁画（インド）や
敦煌石窟壁画（中国）の影響

高松塚古墳壁画（女子群像）
（01 追 1，94 追 2）
高句麗の古墳壁画の影響

なお，法隆寺金堂壁画は 1949 年の火災で焼損した。これをきっかけに 1950 年に**文化財保護法**（→ p. 177）が制定された。ついでに知っておこう。

✓ 高松塚古墳

高松塚古墳は 7 世紀末期から 8 世紀初期につくられた**終末期の古墳**である。具体的な被葬者はわかっていない。1972 年に発掘され，男女群像や星宿，四神などを描いた極彩色の壁画が発見されたのである。

では，足元をすくわれそうな正誤問題を一つ。

> 「高松塚古墳は終末期につくられた前方後円墳である」
> ──○か×か。

（正解：×）

どうだっ！ 意外な落とし穴が待っていたぜ。高松塚古墳は前方後円墳ではなく，小さな円墳である。

✓ 四神とは

四神とは，青竜・白虎・朱雀・玄武のことで，中国で考えられた伝説上の鳥獣である。青竜は東を，白虎は西を，朱雀は南を，玄武は北を守るとされた。だから，南に続く大通りを朱雀大路というのだ。

白鳳期には…

文学面でも，のちの時代につながる新しい動きが見られた。

✓ 漢詩と和歌

漢詩文学は百済からの亡命者らによってもたらされ，大津皇子らが活躍した。

漢詩文は和歌にも影響を与え，額田王や柿本人麻呂らが活躍した。この2人は万葉歌人として有名だが，実は白鳳期の人物なのである。注意が必要だ。

✓ 神道の整備

神道においても，伊勢神宮が整備されて儀式が整えられた。白鳳期には，新しい国家の建設に向けて，宗教の面でもいろいろなものが整備されていったのである。

＊　＊　＊　＊　＊

やがて710年，都が藤原京から平城京に移されて，奈良時代に入る。

天平文化

「盛唐」ときたら…

天平文化。奈良時代の国際色豊かな仏教文化である。

✓ 天平文化は…

奈良時代の文化。貴族を中心とした**仏教文化**である。国際色が豊かで，中国の盛唐文化（唐の絶頂期の文化）の影響を受けたということが大きな特徴だ。

✓ 正倉院は物語る

聖武天皇の遺品を納めた**正倉院**が「シルクロードの東の終着駅」とも形容されるほど，西域をはじめとする異国から，多くの品々が日本に伝えられた。正倉院が校倉造というのはもはや常識だ。

校倉造
柱を用いずに木材を組んで壁面を構成

南倉 （校倉造）	中倉 （板倉）	北倉 （校倉造）

正倉院宝庫（16 追 1）

奈良時代の仏教は…

国家仏教。仏教で国家の安定を図る「鎮護国家」の思想。

✓ 国家仏教の時代

　奈良時代の仏教は**国家仏教**で，国家レベルの厚い保護のもとに発展した。仏教の力で政治や社会の不安を鎮め，国家を護る——これが「鎮護国家」の思想である。仏教によって国家全体を救済するという救済哲学だ。

　特に聖武天皇の時代には，**国分寺・国分尼寺**の建立や大仏の造営が国家的な大事業として進められた。

参考 聖武天皇の時代の社会不安

◎**天然痘の流行**（737年，藤原四子が死亡）
◎**政情の不安定**（740年，藤原広嗣の乱）

✓ 国分寺と国分尼寺

　741年，聖武天皇は国分寺建立の**詔**を発布し，各国に**国分寺**と**国分尼寺**が創建された。全国の国分寺を統括したのは東大寺，国分尼寺を統括したのは**法華寺**である。

✓ 大仏の造営

　743年，聖武天皇は離宮の紫香楽宮（近江国）で大仏造立の詔を出し，その地で**盧舎那仏**（大仏）の造営がはじまった。745年に平城京に都が戻ると，造営事業も奈良に移され，大仏は東大寺の本尊として完成した。

　752年，孝謙天皇の時代に，東大寺で**大仏開眼供養**が国家事業として盛大に行われた。

✓ 行基の活躍

僧侶は僧尼令の統制を受ける官僧のみが認められ，民間布教が禁止されるなど，国家の厳しい統制を受けた。

行基は民間布教にも力を入れたため，しばしば国家から弾圧されたが，橋や道路の修理などの**社会事業**に尽力し，人々や豪族たちの支持を集めた。

やがて政府も行基の活動を容認し，大仏造営に際しては協力を求めた。行基は最終的に**大僧正**という地位にまで昇進したが，大仏の完成を見る前に他界している。

✓ 鑑真がやってきた！

正式な僧侶となるためには，得度して修行し，**戒律**を受ける必要があった。唐の鑑真は失敗を重ねて盲目になりながらも来日し，授戒に必要な戒律を日本に伝えた。鑑真は東大寺に**戒壇**を設けた。下野薬師寺・筑紫観世音寺の戒壇とあわせて「天下三戒壇」と呼ぶ。

なお，**唐招提寺**は鑑真の発願によって創建された寺で，**律宗**の総本山である。

✓ 南都六宗

奈良時代には仏教の教理研究が進み，平城京には6つの学派（南都六宗）が整った。赤字は特に重要。

①三論宗	②成実宗	③法相宗
④倶舎宗	⑤華厳宗	⑥律宗

✓ 南都七大寺

国家が管理する**官大寺**は7つとなった（南都七大寺）。どれも超有名な寺院ばかりである。

①薬師寺 　②東大寺 　③大安寺 　④元興寺

⑤西大寺 　⑥興福寺 　⑦法隆寺

　元興寺は飛鳥寺（→ p.26）を平城京に移したものである。なお，法隆寺は平城京からやや離れた斑鳩の地にある。東大寺も平城京の内部ではなく，外京のすぐ東側にある。地図で確認してみよう。

✓ 神仏習合—その姿

　仏教と神道を融合させる考え方を神仏習合という。神前読経・神宮寺などがいい例だ。以後，1868 年の神仏分離令まで，仏教と神道が混じり合った状態が続く。

　僧侶の姿をした神主もいたし，神官の姿でお経を読む僧侶もいた。違和感はなかった。神仏習合は平安時代にかけてますますさかんになっていった。

奈良時代の美術品
仏像は塑像と乾漆像。絵画と正倉院の工芸品にも注意。

✓ 塑像—粘土でできている！

　この時代の仏像は，粘土でできた塑像と，麻と漆で塗り固めた乾漆像の 2 タイプが主流である。

　まずは塑像。粘土で造形し，乾燥させてつくった。焼いてつくったわけではない。以下の 2 つを押さえる。

①東大寺日光・月光菩薩像
②東大寺法華堂執金剛神像

　塑像は奈良時代に多くつくられたが，以降は衰退する。

粘土なので湿気に弱く，もろい。さらに重いため，火災時などに運び出しにくいという難点もあった。

✓ 乾漆像—麻と漆で塗り固める！

次は乾漆像。以下の3つを押さえておこう。

①興福寺阿修羅像
②東大寺法華堂不空羂索観音像
③唐招提寺鑑真和上像

興福寺阿修羅像
(11追1, 02本2, 95本2)

東大寺法華堂不空羂索観音像
(93追2)　©00894AA

乾漆像も奈良時代に多くつくられたが，その制作には多大な時間と費用を要したため，以降は衰退する。

✓ 金銅像はどこ行った？

飛鳥文化や白鳳文化のころによく見られた金銅像だが，奈良時代になるとめっきり少なくなる。なぜだ？

実をいうと，東大寺の大仏をつくるために，当時国内にあった銅をほとんど使い果たしてしまったのだ！

先にも触れたが，乾漆像や塑像もやがてつくられなくなるため，平安時代には**木像仏**が主流となる。

✓ 絵画で重要なのは次の2つ！

① 『正倉院鳥毛立女屏風 (樹下美人図)』
② 『薬師寺吉祥天像』

正倉院鳥毛立女屏風
(94追2)

薬師寺吉祥天像

『鳥毛立女屏風』は「ちょうもう／りゅうじょ／びょうぶ」または「とりげ／りつじょの／びょうぶ」などと読む。髪や衣服に鳥の毛が貼ってあったのでこの名がある (現在は剥落)。

『薬師寺吉祥天像』は吉祥天女を麻布に描いたもので, 豊満な体躯とみずみずしい表情が特徴的である。唐の影響が大きい。切手の図柄にもなっている。

あと一つ挙げておくなら, 経文に絵を加えた『過去現在絵因果経』。絵巻物の祖である。

✓ 工芸品では正倉院宝物！

正倉院宝物は光明皇太后が東大寺に寄進した聖武天皇の遺品や, 大仏開眼会の調度品が中心で, 国際色豊かな優品が多い。唐だけではなく, インドやペルシアの影響も見られる。中には絹の道を経て日本に伝えられたもの

もある。その意味で正倉院は「シルクロードの東の終着駅」と形容されるのだ。正倉院宝物では、『螺鈿紫檀五絃琵琶』が特に重要だ。写真が出題されることもある。

また、世界最古の印刷物といわれる『百万塔陀羅尼』も押さえておこう。これは法隆寺に多く残っている。

螺鈿紫檀五絃琵琶
（09本3，95本2）

学問と文芸の発達

教育機関が整備され、国史の編纂も積極的に行われた。

✓ 教育の目的は役人づくり！

教育を管轄したのは、文官人事を担当した**式部省**。当時は「文科省」なんて役所はない。都には大学、地方には国学が設置された（→ p. 46）。ともに律令官人を養成するところだ。

なお、大学に入学したのは**貴族の子弟**だが、国学に入学したのは国司の子弟ではない。郡司の子弟だ。「国」という字にひっかからないように！

✓ 大学で何を学ぶか

① 明 経 道…四書五経などの儒教
② 明 法 道…律令
③ 紀 伝 道…伝記や中国の歴史
④ 算 道…算術

大学を修了し、試験に通ると**官人**になれた。大学では、

役人に必要な教養として4つの学科が教授された。

①〜④の学科名を暗記するだけでは意味がない。各学科の具体的な内容も押さえておくこと。

✓ 天平のインテリ

石上宅嗣は自分の家の一角に芸亭という図書館を開設した。日本における最初の私設図書館だ。

石上宅嗣と並び称された文人に淡海三船がいる。鑑真の伝記『唐大和上東征伝』を書いたとされる。

✓ 『古事記』と『日本書紀』

国史の編纂は天武天皇の時代に本格的にはじめられ，712年に『古事記』が，720年に『日本書紀』が完成した。これらはあわせて「記紀」と呼ばれる。

『古事記』（712年に完成）
- 天武天皇が稗田阿礼に『帝紀』『旧辞』を暗誦させ，その内容を元明天皇の詔によって太安万侶が筆録したもの。
- 神代から推古天皇までの歴史を扱う。

『日本書紀』（720年に完成）
- 政府が公式に編纂した最初の歴史書。
- 舎人親王を中心として編纂された。
- 神代から持統天皇までの歴史を扱う。

✓ 六国史とは…

『日本書紀』にはじまり，10世紀初めの醍醐天皇の時代に成立した『日本三代実録』までの6つの正史を六国史という。すべて漢文・編年体で書かれている。

① 『日本書紀』
② 『続日本紀』
③ 『日本後紀』
④ 『続日本後紀』
⑤ 『日本文徳天皇実録』
⑥ 『日本三代実録』

六国史（漢文・編年体）

✓ 『風土記』＝各国別の地誌！

『風土記』は地名の由来・産物・伝承などを記録した
もので，713 年に各国に撰上が命じられた。現存するの
は出雲・常陸・播磨・豊後・肥前の5つのみで，完本で
残っているのは『出雲国風土記』だけである。

✓ 和歌・漢詩

『万葉集』は 8 世紀後半に成立した和歌集で，短歌や
長歌のほか，東歌や防人の歌など約 4500 首を万葉仮名
で表記した。かの有名な山上憶良の「貧窮問答歌」
も収録。最も多くの歌を詠んだ歌人は大伴家持だ。大
伴家持は『万葉集』の編者の一人と考えられている。

『懐風藻』は 751 年に成立した最古の漢詩集で，天武
天皇の子の大津皇子（→ p. 33）らの漢詩を収めている。

* * * * *

784 年，平城京は棄てられた。都は長岡京へ，さらに
794 年には平安京へと遷っていった。

平安時代の文化は，弘仁・貞観文化➡国風文化➡院政
期の文化の順に続く。

弘仁・貞観文化

平安仏教のはじまり

天台宗と真言宗が台頭。その特徴は加持祈禱と現世利益。

✓ 弘仁・貞観文化の大きな特徴

①密教色が強く，神秘的なイメージをもつ。
②晩唐の影響を受けた貴族文化。

✓ 2大聖域の誕生

　桓武天皇は奈良時代の政治と仏教の結びつきを反省し，仏教勢力を極力排除する政策をとった。平安京の内部の寺院は東寺・西寺のみに限られ，寺院は山中に建てられるようになる。
　比叡山には延暦寺，高野山には金剛峰寺が建てられ，当時はどちらも女人禁制の聖域だった。

◎比叡山…延暦寺（天台宗の総本山）
◎高野山…金剛峰寺（真言宗の総本山）

✓ 女性も入山できます

　そんな中で，室生寺は女性の入山が許された寺として注目され，「女人高野」と呼ばれた。その金堂や五重塔は，当時の山岳寺院建築の代表的な遺構である。

✓ 密教の教えとは

密教とは，秘密の呪法によって悟りを開こうとする教えのことである。その中心仏が大日如来だ。

密教には加持祈禱によって現世利益を図るという哲学がある。災いを避け，幸福を追求する現世利益の思想が皇室や貴族にウケたのである。

密教に対して，釈迦の教えを経典から学び取ろうとする従来の南都六宗などは顕教と呼ばれた。

✓ 天台宗とその分裂

日本の天台宗は中国で学んだ最澄によって確立され，円仁・円珍のころに本格的に密教が取り入れられた。

しかし，のちに円仁と円珍の門徒が教説の解釈をめぐって対立し，天台宗は山門派と寺門派に分裂した。

> 山門派…円仁派。比叡山にとどまった。
> 寺門派…円珍派。比叡山のふもとの園城寺に入った。

なお，円仁といえば，838年，実質上最後の遣唐使とともに入唐した人物だ。その旅の記録が『入唐求法巡礼行記』である。

✓ 真言宗と空海

真言宗は中国で密教を学んだ空海によって開かれた。拠点は高野山の金剛峰寺と京都の東寺。東寺は教王護国寺ともいい，空海が嵯峨天皇から下賜された寺だ。

真言宗の密教は，「東寺密教」を略して「東密」と呼ばれる。なお，天台宗も円仁・円珍のころから密教化が進み，「天台密教」を略して「台密」と呼ばれた。

密教芸術は…

神秘的なムードが特徴。そして，何といっても曼荼羅である。

✓ 神秘的な彫刻

　彫刻では一木造・翻波式の技法が主流となった。密教の影響を受け，神秘的なムードをただよわせたものが多い。

　教科書に出ているものをすべて覚える必要はない。特に重要なのは観心寺如意輪観音像（大阪府河内長野市）。写真を用いた出題も見られるので注意。

観心寺如意輪観音像
（02本2，93追2）

　その他では，神護寺薬師如来像，元興寺薬師如来像，薬師寺僧形八幡神像あたりを押さえておこう。

✓ 仏の世界図

　密教といえば曼荼羅。仏の世界図・宇宙図である。神護寺と教王護国寺の両界曼荼羅がそれぞれ有名である。

　あとは園城寺不動明王像（黄不動）。これは仏像でもなければ曼荼羅でもない。円珍が画家に描かせた絵だ。

✓ 三筆―唐風書家

　書道では三筆と呼ばれる唐風書家がいた。空海・嵯峨天皇・橘逸勢の3人。作品では空海の『風信帖』を知っていればよい。

> 三筆…唐風書家。空海・嵯峨天皇・橘逸勢。

✓ 平安時代の教育機関

大 学	中央の教育施設。 貴族の子弟を対象。
大学別曹(べっそう)	大学に通う貴族の子弟のための寄宿施設。 　勧学院(藤原氏)，弘文院(和気氏)， 　学館院(橘氏)，奨学院(在原(ありわら)氏・皇族)
国 学	地方の教育施設。国ごとに設置。 郡司の子弟などを対象。
綜芸種智院(しゅげいしゅちいん)	空海が設置した教育施設。 身分制限なし(庶民・僧侶など)。

　この時代に新しく登場した教育機関としては，貴族たちが設けた大学別曹と空海の綜芸種智院がある。

　大学別曹は貴族が一族子弟の教育のために設けた施設で，学生たちはここに寄宿しながら大学に通った。藤原氏の勧学院が最も設備が整っていた。

　綜芸種智院は庶民のための教育施設で，ここでは儒教・仏教などがやさしく手ほどきされていたに違いない。

✓ 漢詩文学の盛行

　貴族の教養として漢詩文が重視され，漢詩文学がさかんになり，天皇の命による勅撰漢詩文集も編纂された。

```
●三大勅撰集●
① 『凌雲集』(814年)  ⎫
② 『文華秀麗集』(818年)⎬ ……嵯峨天皇が命じる
③ 『経国集』(827年) ………… 淳和(じゅんな)天皇が命じる
```

　空海がまとめた漢詩文作成の評論書が『**文鏡秘府論**(ぶんきょうひふろん)』だ。空海の漢詩は『**性霊集**(しょうりょうしゅう)』に収められている。また，薬師寺の僧 **景戒**(きょうかい)が書いた『**日本霊異記**(にほんりょういき)』は，日本最古の仏教説話集として知られている。

国風文化

国風文化は…

摂関政治期の文化。かな文字によって国文学が発達した。

✓ 文化の国風化

10〜11世紀の文化を**国風文化**という。それまでに吸収してきた唐の文化を消化した上で、日本の風土や人情・好みにあわせて洗練させた、貴族中心の文化である。

「唐風から和風へ」というコンセプトのもとに、芸術面では日本の花鳥風月がモチーフとなった。

✓ かな文字の発達

この時期には、漢字の草書体などをもとにして、**ひらがな**や**カタカナ**が用いられるようになった。これにより、日本人独自の感性や美意識を生き生きと表現できるようになり、国文学の発達につながっていく。

✓ 勅撰和歌集のはじまり

まずは和歌が発達し、9世紀後半には在原業平や小野小町など六歌仙と呼ばれる名手たちが活躍した。

10世紀はじめには醍醐天皇によって最初の勅撰和歌集『古今和歌集』の撰上も命じられ、紀貫之らが撰定にあたった。鎌倉時代初期に成立した『新古今和歌集』までの8種の勅撰和歌集を八代集と総称する。

905年『古今和歌集』（醍醐天皇）
⋮
1205年『新古今和歌集』（後鳥羽上皇）
｝八代集

✓ 朗詠―漢詩文を日本語で歌う

貴族の間では，漢詩文を訓読みで歌う朗詠が流行した。11世紀のはじめには，藤原公任が朗詠に適した漢詩文や和歌の秀句を集めて，『和漢朗詠集』をまとめている。

✓ かな文学の隆盛

かな文字の発達により，物語や随筆などにも本格的な作品が生まれた。紫式部の『源氏物語』と清少納言の随筆『枕草子』は王朝文学の最高傑作とされている。

また，紀貫之は女性に仮託して『土佐日記』を書いた。日記文学の先駆的作品である。

かな文学の発達を担ったのは，おもに宮廷の高い身分の女性に仕えた，優れた才能をもつ女性たちであった。

✓ このくらいは知っておこう！

①『竹取物語』…かぐや姫の伝説を題材に。
②『伊勢物語』…最初の歌物語。
③『源氏物語』（紫式部）｝…王朝文学の最高傑作。
④『枕草子』（清少納言）
⑤『土佐日記』（紀貫之）…日記文学の先駆。
⑥『蜻蛉日記』（藤原道綱の母）
⑦『紫式部日記』
⑧『和泉式部日記』
⑨『更級日記』（菅原孝標の女）

末法思想と浄土教

極楽往生を信じて，現世の苦しみから逃れようとした。

✓ 浄土教の登場

仏教では，依然として真言宗や天台宗が圧倒的な勢力をもっていたが，新たに**浄土教**が人々の心をとらえはじめた。**阿弥陀仏**を信仰し，来世での幸福を説き，現世の不安から逃れ，**極楽浄土**への往生を願う教えである。

✓ 空也の活躍

10世紀半ば，京都の町中で阿弥陀仏の教えを説く僧侶がいた。**空也**である。

空也は諸国をめぐりながら人々に**念仏**を勧めた。平安京の市場で教えを説く姿を見て，人々は彼を「**市聖**」と呼んだ。

京都の**六波羅蜜寺**にある**空也上人像**は，鎌倉時代に**康勝**によって制作された。口からは「南無阿弥陀仏」の6文字がそれぞれ阿弥陀如来の姿になって現れている。

空也上人像
(17試行2,
11追1)

✓ 地獄の恐怖

10世紀の後半には，比叡山に**源信**が出た。恵心院というお堂に住んでいたので「**恵心僧都**」とも呼ばれた。

源信が著した『**往生要集**』は**極楽往生**の方法を示した仏教書で，のちには中国にももたらされて絶賛されたという名著である。極楽浄土の荘厳さと地獄の恐怖が対照的に描き出されており，日本人が地獄に対して恐怖を抱くきっかけになったともいわれている。

✓ 末法の世のはじまり

浄土教の流行を後押ししたのは，「釈迦の死後2000年を経たのちに，仏法が衰えて乱世になる」という末法思想である。日本では1052年から末法の世に入ると考えられていた。

ちょうど奥州では1051年から前九年合戦が起こり，これに前後して全国各地で神社仏閣の焼亡が相次ぐなど，いかにも末法の到来を感じさせるようなできごとが重なった。藤原頼通が宇治に平等院鳳凰堂を造営したのも1053年で，まさに末法入りした翌年のことである。

✓ 往生伝―死ぬ瞬間

めでたく極楽浄土に旅立った人々の伝記集も編纂された。往生伝である。慶滋保胤は45名の往生について，日本最初の往生伝『日本往生極楽記』を著した。

死者は北枕で顔を西方極楽浄土の方に向けて臥し，室内では僧侶の念仏を唱える声が響く。そして往生の証として，「部屋中に美しい音楽が聞こえてきた」「芳しい香りが充満した」などといった奇瑞にも触れている。

✓ 神と仏の主従関係

浄土教が流行したとはいえ，神仏習合の風潮は以前と変わらない。この時代には，神と仏の関係を「主従」の形で示し，仏を主として神を従とする本地垂迹説が広まりはじめた。宇宙の根本には仏がいて，その仏が仮に姿を変えてこの世に現れたのが神だとする考え方である。

本地垂迹説によれば，例えば天照大神（太陽神，皇祖神）は大日如来（密教の中心仏）の化身だという。

✓ 怨霊のたたり

怨みをのんで死んだ者の霊を怨霊（または御霊）という。摂関政治期には，怨霊を慰め，疫病などの厄災から逃れようとする御霊会がさかんに行われた。

なお，祇園社の御霊会（祇園会）は現在の祇園祭の起源である。菅原道真を祀る北野神社の御霊会も有名。

国風美術

建築・工芸品・美術作品にも国風化の波が押し寄せた！

✓ 阿弥陀堂の流行

極楽往生を目指す浄土教の教えは各地に阿弥陀堂の建立を促し，堂内には阿弥陀如来像が祀られた。藤原道長は法成寺に阿弥陀堂を営み，そこで亡くなった。また，藤原頼通の平等院鳳凰堂も阿弥陀堂である。

✓ 仏像の大型化

定朝の作品として知られている平等院鳳凰堂阿弥陀如来像は，それまでの一木造に代わって，寄木造の手法でつくられている。

寄木造では，手・足・胴などをばらばらにつくって最後に合体させるので，仏像の大きさそのものも大きくなった。仏師集団も組織化され，仏像の大量生産も可能となった。

平等院鳳凰堂
阿弥陀如来像
（02本2）

✓ 来迎図—浄土へのいざない

　浄土教の流行は，絵画の世界においては**来迎図**という形で反映された。臨終の人の枕辺に，西方極楽浄土から阿弥陀如来が雲に乗って迎えにきた瞬間を描いたものだ。『高野山聖衆来迎図』がよく知られている。

✓ 三跡—和風書家

　文学や芸術の面でも唐風から和風への変化が進行した。それまでの唐風書道に代わって和風書家として**小野道風・藤原佐理・藤原行成**が**三跡**として名を上げた。

> 三跡…和風書家。小野道風・藤原佐理・藤原行成。

✓ 大和絵の誕生

　絵画でも唐絵に代わって日本の風物を題材とした**大和絵**が描かれるようになる。巨勢金岡が祖だという。

王朝貴族の暮らし

貴族の生活においても唐風から和風への変化が見られた。

✓ 儀式と吉凶の日々

　摂関政治においては先例や儀式など形式的なものが重視され，宮廷では灌仏（4月8日）などの**年中行事**が発達した。

　また，中国から伝来した陰陽五行説にもとづく**陰陽道**も発達し，吉凶や禍福を占った。貴族は吉凶を気にかけ，一定期間謹慎する**物忌**や悪い方角を避ける**方違**なども行われた。

✓ どんな結婚生活？

貴族の婚姻は婿入婚が多くなり，相続においても邸宅は娘に譲られることが多かった。夫が妻の家で暮らす夫婦同居制となり，生まれてくる子どもも妻の家で育てられるのが普通だった。母方の縁が強かったのだ。

✓ 寝殿造（しんでんづくり）—貴族の住居

貴族の家は，檜皮葺（ひわだぶき）の屋根と白木柱（しらきばしら）をもつ寝殿造が普通であった。建物は寝殿（正殿）を中心に釣殿（つりどの）・東西の対などが透渡殿（すきわたどの）（つなぎ廊下）で結ばれていた。部屋を区切る壁はなく，屏風や襖などの移動式の家具（これらはすべて障子（しょうじ）と呼ばれた）で仕切られた。

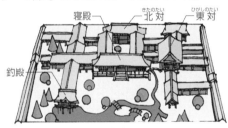

寝殿　北対（きたのたい）　東対（ひがしのたい）

釣殿

寝殿造復元図

✓ 庶民はやっと掘立柱（ほったてばしら）

一般民衆の住居では掘立柱の家屋が増えたが，東国では依然として竪穴住居生活を営むところもあった。

✓ 貴族の食事—意外とヘルシー？

食事は1日2食が普通だったが，仏教の殺生禁断思想の影響で獣肉などは食さなかった。また，調理に油を使うこともなかった。

✓ 貴族のファッション

	正　装	平常服
男子	束帯・衣冠 （そくたい）（いかん）	直衣・狩衣 （のうし）（かりぎぬ）
女子	女房装束（十二単） （にょうぼうしょうぞく）（じゅうにひとえ）	小袿 （こうちぎ）

　貴族社会では，男子は束帯が正装で，衣冠はその略式として用いられた。平常服としては直衣や狩衣を着用した。女子は女房装束（いわゆる十二単）を正装とした。

　一般民衆では，男子が着用した水干を押さえておこう。

束帯　　　　　　　女房装束（十二単）　　　　　水干

✓ これで大人の仲間入り

　15歳前後になると，男子は元服，女子は裳着の式を挙げ，成年として扱われるようになった。元服・裳着の儀式は，今でいえば成人式ということになる。

第3章

中　世

medieval times

文化面においても，鎌倉時代には武士が，
室町時代には一般民衆が台頭してくる！

院政期の文化

平安後期になると…

武士や庶民が台頭し，中央の貴族文化も地方に伝播した。

✓ 浄土教の流行

　平安時代後期になると，浄土教は民間の聖や上人らによって地方にも伝えられ，**地方豪族**たちによって各地に阿弥陀堂が建立されるようになる。

✓ 地方の阿弥陀堂はこの3つ！

① 中尊寺金色堂（岩手県平泉町）
② 白水阿弥陀堂（福島県いわき市）
③ 富貴寺大堂（大分県豊後高田市）

　東北地方では，平泉に藤原清衡が中尊寺，子の藤原基衡が毛越寺を造営した。毛越寺は浄土庭園が有名だ。なお，白水阿弥陀堂の「白水」とは，平泉文化にあやかろうとして「泉」の字を上下に分解したものだ。

✓ いっぽう，京都では…

　院政期には，京都郊外の鳥羽や白河に離宮や寺院が造営され，白河天皇は**法勝寺**を営んだ（藤原道長の**法成寺**と混同しないこと！）。天皇家によって「○勝寺」というお寺が6つ造営されたので，六勝寺と総称する。

院政期の絵画

大和絵の手法を用いて絵巻物や装飾経が制作された。

✓ 院政期の四大絵巻

① 『伴大納言絵巻』……応天門の変がテーマ。

② 『源氏物語絵巻』……『源氏物語』がベース。

③ 『信貴山縁起絵巻』…命蓮上人の奇跡を描く。

④ 『鳥獣戯画』…………動物に託して世相を風刺。

　院政期の絵画界に見る大きな特徴は，**絵巻物**が登場したことだ。そのルーツは奈良時代の『過去現在絵因果経』（→ p.39）にまでさかのぼることができる。

　絵巻物は，絵と詞書をおりまぜて，物語や政変，寺社の縁起や高僧の伝記などをテーマに制作された。

　じゃあ，絵巻物はどちら向きに読み進んでいけばいい？──右から左です。

✓ 装飾経 2点

　「安芸の宮島」の名で知られる**厳島神社**。そこに平清盛らが一門の繁栄を祈願するために**装飾経**を奉納したもので，『**平家納経**』として知られる。

　また，平安末期の装飾経としては『**扇面古写経**』も有名。法華経の下絵には，当時の京都の庶民生活が大和絵の手法で描かれている。

扇面古写経
（07本1，95本2）

院政期の文学作品

文学作品においても，地方武士や庶民への関心がうかがえる。

✓ 歴史物語の誕生

六国史最後の『日本三代実録』(→ p. 41) を最後に国家による官撰史書が途絶え，それに代わって歴史物語が登場した。以下の2つは摂関政治期の重要史料である。

① 『栄花物語』…藤原道長の栄華を賞賛。編年体。
② 『大鏡』…藤原道長の時代を批判的に記述。紀伝体。

なお，『大鏡』は最初のかな史書である。以後，鏡物は平安末期の『今鏡』，鎌倉時代の『水鏡』，南北朝時代の『増鏡』と続き，「四鏡」と総称された。

✓ 説話集

説話集では『今昔物語集』が知られている。すべてのエピソードが「今はむかし…」という形式ではじまる。

✓ 軍記物では

合戦をテーマとした軍記物もつくられた。院政期には，平将門の乱をテーマとした『将門記』，前九年合戦をテーマとした『陸奥話記』が成立した。

✓ 平安時代のヒット曲？

今様と呼ばれる流麗な七五調の歌謡が流行し，後白河法皇は『梁塵秘抄』に多くの今様を収録した。例えば次の歌は，当時の浄土思想をよく示している。

▶ほとけは常に　いませども
　　うつつならぬぞ　あはれなる
　　　人の音せぬ　あかつきに
　　　　　　ほのかに夢に　見えたまふ

＊　　＊　　＊　　＊　　＊

　時代はゆっくりと，しかし着実に転換しはじめ，鎌倉幕府という最初の本格的武家政権の時代に突入する。

鎌倉文化

鎌倉文化の特徴は…

公家文化と武家文化。南宋や元の影響も重要である。

✓ 文化も公武二元

鎌倉時代には，平安時代の浄土教思想を背景とした**公家文化**に対して，中世の**武家文化**が芽生えてきた。とはいっても，完全に公家文化が衰退したのではない。確かに華やかさは失ったものの，公家社会に独自に生き延びていく公家文化も存在した。つまり，鎌倉時代は文化においても**公武二元体制**であったといえる。

✓ 武家文化の特徴

武家文化では，武士独自の精神である**素朴で質実剛健**な気質が反映された。写実的で力強い文化は鎌倉リアリズムとも鎌倉ダイナミズムとも表現できる。

✓ 中国の影響が強まる

もう一つの特徴は，日宋貿易や日元貿易といった日中間の民間交流の中で，南宋や元の文化が流入したということだ。最たるものが**禅宗**だ。その影響は室町時代にかけてどんどん強くなっていく。

鎌倉仏教といえば…

新仏教。まずは6つの**新しい**宗派に注目しよう！

✓ 新しい救済者たち

源平の争乱に象徴されるように，時代の転換期であり，人々の心は休まらず，病も流行していた。貧しさやひもじさの中で苦しむ人々に救いの手をさしのべようと，平安末期から鎌倉後期にかけて，6人の仏教者が登場した。

✓ 基本的な情報をガッチリ押さえよう！

	宗派	開祖	著書／キーワード	中心寺院
念仏	浄土宗	法然	『選択本願念仏集』 専修念仏	知恩院 （京都）
	浄土真宗 （一向宗）	親鸞	『教行信証』 絶対他力, 悪人正機説	本願寺 （京都）
	時宗	一遍	（『一遍上人語録』） 踊念仏	清浄光寺 （神奈川）
題目	日蓮宗	日蓮	『立正安国論』 題目, 他宗攻撃	久遠寺 （山梨）
禅	臨済宗	栄西	『興禅護国論』 公案	建仁寺 （京都）
	曹洞宗	道元	『正法眼蔵』 只管打坐	永平寺 （福井）

「宗派―開祖」のラインはもちろん，**著書**と**中心寺院**についても要注意だ。それぞれの開祖についてはのちほど詳しく見ていくが，その際にもこの表をこまめに参照し，確実に頭に叩き込んでいこう。

✓ 新しい宗派に共通する特徴

①選択…念仏・題目・禅から修行法を一つ選ぶ。
②専修…その修行に専心する。
③易行…しかも，どの修行法もシンプルである。

　以上が各宗派に共通する特徴である。こうして鎌倉仏教は広く庶民に受け入れられることになった。

✓ 意外な共通点

　実をいうと，新しく宗派を開いた開祖たちの多くは，というより，一遍以外はみな比叡山延暦寺で学んだ学僧であった。つまり，天台宗出身ということになる。

　しかし，彼らはかつての天台・真言のような難解な教義・修行・戒律とは決別して，広く民間へ布教する道を選んだのである。

新仏教の開祖たち

それでは，各宗派の開祖について，少し詳しく見ていこう。

✓ 活躍した時期を知っておこう

　各宗派の開祖を活躍順に並べるとこんなふうになる。

①法然（浄土宗）
②栄西（臨済宗）
　……源平の争乱のころ

③親鸞（浄土真宗）
④道元（曹洞宗）
　……承久の乱のころ

⑤日蓮（日蓮宗）
⑥一遍（時宗）
　……蒙古襲来のころ

✓ ①浄土宗—専修念仏の法然

　平安時代の末期，京都の東山で念仏による救済を唱え，浄土宗を開いた僧侶がいた。法然である。阿弥陀仏による救済を信じ，専修念仏といってひたすら「南無阿弥陀仏」と念仏を唱えれば必ず極楽往生できると説いた。

✓ ②臨済宗—禅問答の栄西

　栄西は中国（南宋）から禅宗を伝え，臨済宗を開いた。師から与えられた公案という禅問答を重ねることで悟りの境地を目指す教えである。栄西は禅による護国の必要性を訴え，『興禅護国論』をまとめた。臨済宗は武士の気風に合い，幕府関係者の帰依を受け，重んじられた。

　なお，栄西は南宋から茶を伝えて，その効用を『喫茶養生記』にまとめた。

✓ ③浄土真宗—絶対他力の親鸞

　親鸞は法然の教えをさらに深化させ，浄土真宗を開いた。「何から何まですべて一切が阿弥陀仏の計らいによる」とする絶対他力の立場に立ち，「自分が煩悩の多い悪人であることを自覚している者こそが阿弥陀仏の救済の対象だ」とする悪人正機説を唱えた。のちに弟子の唯円は『歎異抄』の中で，「善人なをもちて往生をとぐ，いはんや悪人をや」という親鸞の言葉を紹介している。

✓ ④曹洞宗—「ひたすら座れ」の道元

　南宋から帰国した道元は，禅宗の一つである曹洞宗を開いた。悟りの境地に達するためには，「ただひたすら坐禅をせよ」と説いた。これが只管打坐である。

　臨済宗が時の政治権力に接近したのに対して，曹洞宗

は権力や世俗の名利から離れ，雪深い北陸の地に拠点を構えたのが対照的だ。それが**永平寺**（福井県）である。

✓ ⑤日蓮宗—題目をすすめた日蓮

日蓮は「南無妙法蓮華経」という題目を唱えることによって成仏を図ることを勧め，日蓮宗を開いた。

『立正安国論』は5代執権北条時頼に提出した建白書で，他宗を厳しく排撃し，法華経を信仰しなければ国難を招くと予言した。これが伊豆流罪（のちに佐渡）の原因となったが，放免後も布教活動を続けた。

✓ ⑥時宗—踊念仏の一遍

一遍は各地を遊行しながら念仏の札を配り歩き，踊念仏によって教えを広めた。その足取りは九州から奥羽にまで及んでおり，「遊行上人」とも呼ばれている。

一遍は「信心の有無に関係なく，念仏を唱えるだけで極楽往生できる」と説いた。これが時宗で，その教えに従う人々は時衆と呼ばれた。

なお，一遍は死の直前に著書などをすべて焼き捨てた。『一遍上人語録』は江戸時代に編纂されたものである。

✓ 臨済宗と来日僧

臨済宗はその後，幕府の支配層の保護を得て，勢力を伸ばしていった。北条氏は南宋からの来日僧を招き，鎌倉に禅寺を建立した。「幕府関係者が創建，来日僧が開山」という禅寺のうち，次の2つは特に重要である。

> ①建長寺…北条**時頼**が創建，蘭溪道隆が開山。
> ②円覚寺…北条**時宗**が創建，無学祖元が開山。

旧仏教側でも…

復興・革新の動きが見られた。神仏習合にも新展開が！

✓ 旧仏教側の反応

　旧仏教，つまり南都六宗や天台・真言の密教の世界でも，独自に復興運動・教団の革新運動が進められた。

　新しいものが出てくると，古いものはいつもそれに対して拒絶・抵抗の姿勢を示す。仏教界でも同じだった。特に法然の浄土宗（＝専修念仏）に対する南都仏教からの反発は壮絶で，1207年には法然と弟子親鸞が流罪になる事件も起こっている。

✓ 旧仏教の改革者たち

宗派	僧	関連寺院・活動・著書など
法相宗 （ほっそうしゅう）	貞慶 （じょうけい） （解脱） （げ だつ）	笠置寺（京都）で隠遁。 『興福寺奏状』で浄土宗を批判。
華厳宗 （け ごんしゅう）	高弁 （こうべん） （明恵） （みょう え）	高山寺（京都）を再興。 『摧邪輪』（ざいじゃりん）で浄土宗を批判。
律宗 （真言律宗）	叡尊 （えいそん）	西大寺（奈良）を中興。 慈善救済・土木などの社会事業。
	忍性 （にんしょう）	極楽寺（鎌倉）を開山。 北山十八間戸（きたやまじゅうはっけん ど）などの社会事業。

✓ 奈良仏教—貞慶と高弁

　奈良仏教では，法相宗の貞慶（解脱上人）や華厳宗の高弁（明恵上人）が出て，戒律を尊重し，南都仏教の復興に努めた。ともに浄土宗を厳しく批判した。

✓ 律宗―叡尊と忍性

　真言律宗には，叡尊とその弟子の忍性が出た。戒律復興に努める一方で，師弟ともに道路・橋梁建設などの社会事業に尽力したことが特徴的である。特に忍性は奈良の東大寺のそばにハンセン病患者を救うための療養所として北山十八間戸を創設し，病人の救済にあたった。

✓ 慈円と『愚管抄』

　天台宗に出たのが慈円。関白九条兼実の弟である。慈円は天台宗の最高の地位である天台座主にのぼりつめ，日本最初の歴史哲学書『愚管抄』を執筆した。歴史の発展を道理と末法思想によってまとめたもので，完成したのは承久の乱の直前，1220 年である。

✓ 神と仏が大逆転？

　平安時代には「神は仏の化身」とする本地垂迹説が主流であった（→ p. 50）。しかし，鎌倉時代になると神仏の立場が逆転し，「神が主で，仏はその化身」とする反本地垂迹説（神本仏迹説）が登場した。そして，この立場から伊勢外宮の神官度会家行が伊勢神道を提唱し，北畠親房ら南朝方の思想に大きな影響を与えた。

＊　　　＊　　　＊　　　＊　　　＊

　鎌倉時代には，このように仏教・神道の世界において新たな価値観が生まれ，人々の求めに応えようとした。

建築界の新傾向

大仏様・禅宗様・和様・折衷様。様々な建築様式が見られた。

✓ 代表的な遺構とセットで覚えよう！

①大仏様…東大寺南大門（奈良）
②禅宗様…円覚寺舎利殿（鎌倉）
③和　様…蓮華王院本堂（京都）
④折衷様…観心寺金堂（河内長野）

✓ 重源と東大寺再建

東大寺は 1180 年，平重衡の南都焼打ちで焼失した。その復興にあたったのが重源という僧侶である。重源は資金集めから建築までを総合的にプロデュースした。

✓ 大仏様

重源は東大寺再建にあたって宋の工人陳和卿の協力を仰ぎ，中国南方の大仏様という様式を採用した。代表的遺構は東大寺南大門である。

東大寺南大門（10本3，95追3）
©00893AA

鎌倉文化　67

✓ 禅宗様・和様・折衷様

鎌倉中期になると，中国から禅宗様が伝えられ，禅寺の建築に多く用いられた。代表的遺構は円覚寺舎利殿だが，現在では室町初期のものとする説が有力だ。

日本古来の様式である和様も健在で，蓮華王院本堂がその典型的な例だ。あの有名な三十三間堂である。

また，和様と大仏様，あるいは和様と禅宗様を混ぜ合わせたのが折衷様である。河内の観心寺金堂が代表的だ。

美術の世界では…

絵画や彫刻だけでなく，武具や陶器もさかんにつくられた。

✓ 奈良仏師の活躍

彫刻では奈良仏師（慶派）の活躍がめざましい。

①東大寺南大門金剛力士像（運慶・快慶らの合作）
②無著像・世親像（運慶）
③竜灯鬼・天灯鬼（康弁）…興福寺蔵
④空也上人像（康勝）…六波羅蜜寺蔵（→ p. 49）

慶派は定朝（→ p. 51）の子孫の流れをくむ仏像彫刻集団。東大寺南大門金剛力士像は阿形・吽形の2体からなる寄木造の傑作で，慶派一門の集大成だ。

なお，東大寺の大仏の首の修復にあたったのは，東大寺再建のところでも登場した，宋の工人陳和卿である。

東大寺南大門金剛力士像
（阿形像）

✓ 絵巻物ラッシュ

　絵画の世界では，平安末期以来の**絵巻物**が全盛を迎え，様々なテーマで，実に様々な絵巻物がつくられた。

テーマ	作　　　品
僧　侶	『一遍上人絵伝』『法然上人絵伝』
寺社の縁起	『北野天神縁起絵巻』『春日権現験記』
合　戦	『蒙古襲来絵詞』『平治物語絵巻』

　特に『一遍上人絵伝』は絵画資料としてよく出ている。詳しくは特集ページ（→ p. 72）を参照してほしい。

✓ 人物の肖像画

　人物の肖像画も描かれた。似絵である。藤原隆信作の『(伝) 源頼朝像』『(伝) 平重盛像』が有名だが，そのモデルについてはいろんな説がささやかれている。

（伝）源頼朝像

　また，禅宗における高僧の肖像画を頂相という。高僧から修行僧に与えられ，礼拝などに用いられた。

✓ 書道では一つだけ

　書道の世界では，それまでの和様に宋や元の書風も取り入れて青蓮院流と呼ばれる流派が生まれた。これをはじめたのは尊円入道親王である。

✓ 武士の時代を反映して

　刀剣では京都の粟田口吉光，鎌倉の岡崎正宗，備前の長船長光が有名だ。京都は文化・工芸の中心地，鎌倉は武士による幕府が置かれた場所だ。備前は中国山地で砂

鉄が多くとれたことによる。

鎧と兜，これを甲冑という。甲冑の制作で名をあげたのが京都の明珍家だ。「甲冑＝明珍」と覚えておこう。

それでは正誤問題を一つ。

> 「刀剣師として，鎌倉では粟田口吉光，備前では岡崎正
> 宗らが活躍した」
> ——○か×か。

(正解：×)

地名と人名は，ちゃんと結びつけて覚えておくこと！

✓ 陶芸文化

道元とともに入宋した加藤景正は，帰国後に尾張の瀬戸に窯を開いて瀬戸焼をはじめたという。実をいうと，詳しいことはよくわかっていない。しかし，受験生は「加藤景正＝瀬戸焼」と押さえておけばいいだろう。

中世の文学のはじまり
文学の世界でも新しい動きが起こった。

✓ 和歌集

後鳥羽上皇の命で『新古今和歌集』が撰上された。八代集最後の作品で，撰定したのは藤原定家ら。

3代将軍源実朝は『金槐和歌集』を残した。万葉調の歌が特徴だ。「万葉調といったら金槐集，金槐集といったら万葉調」——こうやって頭に叩き込む。

それから西行。彼の私家集が『山家集』。なお，西行はもと北面の武士だった。

✓ 随筆

超重要な作品が2つ。無常観が底流する隠者文学の代表作だ。成立時期の違いに注意しよう。

①鴨長明『方丈記』（鎌倉時代初期）
②吉田兼好『徒然草』（鎌倉時代末期）

✓ 軍記物

「三大軍記物」といえば，『保元物語』『平治物語』『平家物語』。特に『平家物語』は琵琶法師による平曲という弾き語りで広まっていった。

✓ 歴史書関係

幕府が日記体で記した『吾妻鏡』は鎌倉時代の最重要史料。虎関師錬の『元亨釈書』は日本最初の仏教史だ。そして慈円の『愚管抄』（→ p. 66）も忘れるな！

✓ 説話集・紀行文学

説話集では，まず『古今著聞集』と無住の『沙石集』。また，『宇治拾遺物語』は「物語」という名前がついているけれど，中味は説話集だ。間違うな！

紀行文学では『海道記』や『東関紀行』もあるが，何といっても阿仏尼の『十六夜日記』が有名だ。

✓ 教育関係では一つだけ

金沢文庫は北条実時が創設した私設図書館。場所は現在の横浜市内だが，旧国名では武蔵国にあたる。

なお，中世の教育でもう一つ重要なのは，室町時代の足利学校（→ p. 82）だ。セットで覚えておきたい。

特集ページ

『一遍上人絵伝』を味わう！

69 ページで触れたように，『一遍上人絵伝』は絵画資料として実によく出題されている。ここでは過去に出題された図版を用いて「どこに注目すればよいか」を紹介しよう。

①踊念仏の様子を伝えているもの

➡パッと見て，「踊念仏だ」とわかるようにしよう！

「片瀬ノ浜の地蔵堂で踊念仏」（94 追 1 ）

一遍は鎌倉に入って布教しようとしたが，8 代執権北条時宗に拒まれたため，その近くの片瀬ノ浜の地蔵堂で踊念仏を行った。挑戦的なパフォーマンスである。

「空也上人の遺跡市屋の道場」（05 本 3 ，97 本 2 ）

京都の空也の道場の跡で踊念仏を行っている。高床の踊念仏の舞台と，そこで鼓を鳴らして念仏に没頭している様子がよくわかる。実にファンキーだ。

②当時の社会の様子を伝えているもの

➡「武士の館」「市場」が特に有名だ。

「筑前国の武士の館」（96本1）

　武士の館を訪れ、主人に念仏を勧めているシーン。当時の武士の館の様子をよく伝える絵として有名である。屋敷は板塀と堀で囲まれ、入口には櫓門があり、その側に門番がいる。

　門から出てきた人物にも注目しよう。これも一遍だ。絵巻物特有の技法で、1枚の絵の中で時間の経過を表している。

「備前国福岡の市」（04本3）

　鎌倉時代の市場の様子をよく伝える絵として有名である。活発な取引がうかがえる。河原にテントのような仮屋が設けられ、布・米・魚などが並べられ、行商人も描かれている。

　なお、「福岡」といっても九州ではなく「備前国」（現在の岡山県）である。また、画面の左側には一遍に向かって刀に手をかけている男が見える。刀剣の産地である長船（→ p. 69）はこのすぐ近所だ。

室町文化

室町文化は…

禅宗文化。禅の思想があらゆるところに見られる。

✓ 室町文化の特徴

平安初期の弘仁・貞観文化を「密教文化」, 国風文化と院政期の文化を「浄土教文化」ととらえるならば, 室町文化は「禅宗文化」といっても過言ではない。ありとあらゆる面, 隅々にまで禅宗の匂いが濃厚な文化だ。

✓ 文化の区分

室町時代の文化は, 時期的なまとまりから, 大きく4つに分けることができる。

①南北朝文化（南北朝時代）
②北山文化（3代将軍・足利義満の時代）
③東山文化（8代将軍・足利義政の時代）
④戦国期の文化（戦国時代）

* * * * *

それでは, この流れに沿って室町文化を追っていこう。まずは南北朝文化から。

①南北朝文化

南北朝の動乱の時代，戦乱の続く中で花開いた文化である。

✓ 歴史書

　朝廷が南朝・北朝に分裂している中で，北畠親房は『神皇正統記』を書き上げて南朝の正統性を主張した。足利氏の立場から書かれた『梅松論』も完成した。

　また，南北朝の動乱をテーマとした軍記物『太平記』は，のちのち講釈師による「太平記読み」で広まった。

✓ 有職故実書

　後醍醐天皇は朝廷の儀式などをまとめて『建武年中行事』を書いた。儀式・典礼・行事などを研究する学問を有職故実と呼ぶ。『建武年中行事』は有職故実書だ。

　北畠親房も有職故実書として『職原抄』を書いている。だから，北畠親房の著作としては『神皇正統記』と『職原抄』の2点を押さえなくてはならない。

✓ 連歌

　和歌の上の句と下の句を別の人が交互に詠み連ねていく連歌も広まった。南北朝時代には二条良基が『菟玖波集』を編纂し，これが勅撰に準じられて以降，連歌は和歌と文芸的に同等の地位を得ることになった。二条良基は連歌の規則集として『応安新式』もまとめている。

✓ 茶をめぐって

　南北朝時代には茶の産地をあてる賭け事も流行した。これを闘茶という。茶寄合もさかんに行われた。

②北山文化

何といっても鹿苑寺金閣。また，禅の影響がより強くなる。

✓ 足利義満＝金閣

北山文化は，３代将軍足利義
満の鹿苑寺金閣に象徴される文
化だ。公家文化・武家文化・禅
宗文化が一つのものとして集約
的に表現された文化といえる。

鹿苑寺金閣

金閣は寝殿造と禅宗様を折衷
させた建築様式になっており，この時代の精神がよく表
現されている。

✓ 五山派―臨済宗の発展

鎌倉仏教の中でも，室町時代に特にさかんになったの
は臨済宗である。幕府との結びつきを強め，権力の保護
のもとに隆盛を極めた。禅僧は文化面だけでなく，幕府
の政治・外交の顧問としても活躍している。

足利義満は南宋の官寺の制にならって，臨済宗の有力
寺院に格付けをした。それが五山・十刹の制度だ。十刹
は五山に次ぐ寺格である。

五山・十刹の制度は臨済宗の寺にしかない。その五山
派の寺院を管轄したのが僧録司という役職だ。

✓ 京都五山・鎌倉五山

すべて順番通りに知っておきたいところだが，しいて
いえば赤字のものが特に重要だ（次ページ）。

京都五山（別格上位：南禅寺）		
①天龍寺	②相国寺	③建仁寺
④東福寺	⑤万寿寺	
鎌倉五山		
①建長寺	②円覚寺	③寿福寺
④浄智寺	⑤浄妙寺	

京都五山には別格上位として**南禅寺**がおかれた。なお，足利尊氏の帰依を受けて**天龍寺**を開山したのは夢窓疎石。また，**相国寺**は足利義満によって創建されている。

✓ 林下―自由な禅寺

これらの五山派の寺院に対し，幕府の保護を受けない代わりに，より自由な立場で武士や庶民に布教活動を展開した禅宗諸派を林下という。曹洞宗では**永平寺**や**総持寺**，臨済宗では**大徳寺**や**妙心寺**などがそれにあたる。

✓ 五山文学と五山版

五山の禅僧たちは，大陸の禅宗文化の影響を強く受け，宋学の研究とともに漢詩文の創作がさかんになり，**五山文学**が生まれた。足利義満のころがその全盛期で，**義堂周信・絶海中津**は五山文学の双璧として有名だ。

また，五山の禅僧は，禅の経典や漢詩文集などの出版活動も行った。これが五山版である。

✓ 高麗版大蔵経

日朝貿易を通じて，朝鮮から大蔵経（一切経）ももたらされた。これは仏教の経典などや，その注釈書を網羅的にまとめたもので，日本でも珍重された。

✓ 水墨画

墨の濃淡で風景などを描く絵を**水墨画**という。室町前期には明兆・如拙・周文といった画僧が出た。

如拙の『瓢鮎図』だけは覚えてくれ！　ヒョウタンでナマズを捕ろうとしている絵だ。禅問答（公案）を表現したものだが、そうした絵を**禅機画**と呼んでいる。

瓢鮎図

義満の保護のもと…

観阿弥・世阿弥父子は、能を芸術として大成させた。

✓ 能のはじまり

能というのは、台本（謡曲）の展開にあわせて、緩やかなテンポで演じられる仮面劇のことだ。古くからの猿楽や田楽から発展して、芸術的に仕上げられた。

田植えと田楽（05本3）

✓ 座＝能の専門集団！

やがて寺社の保護を受けて能を専門的に演じる集団が

現れた。これが座である。このうち、観世座・金春座・金剛座・宝生座の4つは大和猿楽四座と呼ばれ、興福寺を本所として興行活動を進めた。

✓ 観阿弥・世阿弥の登場

大和猿楽四座のうち、観世座から観阿弥・世阿弥父子が出て、義満の保護を受けて猿楽能を大成させた。

また、世阿弥は「花」「幽玄」などの言葉を用いて『風姿花伝』を著した。これは能楽の理論書で、『花伝書』ともいう。

✓ 能のアレコレ

能の台本のことを謡曲といい、能の合間には世俗を風刺した対話喜劇として狂言が演じられた。「謡曲」「狂言」といった言葉を覚えよう。

観世能の舞台（05本3）
右側の橋の上に役者、中央の舞台に囃子方がいる。

✓ 勉強に必要な道具

民間では庶民教育もさかんになった。往来物と呼ばれる手紙形式のテキストが使われた。『庭訓往来』が有名だ。また、日常語を集めた国語辞書に『節用集』がある。これらは江戸時代にかけてずっと使われていった。

③東山文化

慈照寺銀閣に代表される，「幽玄」や「侘び」の文化！

✓ 東山文化とは…

　8代将軍足利義政の時代を中心に開花した文化で，「幽玄」「枯淡」「侘び」の精神がみなぎっているのが特徴だ。公家・武家・禅宗精神が融合した文化ともいえる。

✓ 足利義政＝銀閣

　建築では慈照寺銀閣。二階建ての建物で，1階が書院造，2階が禅宗様でできている。

　書院造といえば，同じく慈照寺に東求堂同仁斎がある。これは足利義政の書斎で，付書院・明障子・違い棚など，今日の和風住宅建築の源流がそこにある。

慈照寺銀閣

　床の間も発達し，生花などが飾られた。この時代になると，畳も部屋一面に敷き詰められた。

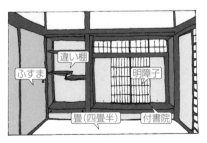

慈照寺東求堂同仁斎

✓ 枯山水

禅宗寺院では、水を含む自然を水を使わずに砂と石で表現する枯山水の庭がさかんにつくられた。大徳寺大仙院庭園や龍安寺石庭が有名だ。

また、善阿弥のように優れた庭師も現れ、足利義政の保護を受けて慈照寺の庭をつくった。

菅野のマメ知識

「虎の子渡し」とも呼ばれる龍安寺石庭では、全部で 15 個の石を使っているにもかかわらず、どの位置から見ても 14 個にしか見えないように造形されている。

仏教において「15」は完成した数を意味しているが、人間は「14」で、「仏の境地まで 1 つ足りない」ということを象徴した造りになっているのだ。

いかにも禅の精神が行き渡った庭園ではないか！

✓ 室町後期の絵画

水墨画は雪舟によって大成された。『四季山水図巻』『秋冬山水図』は写真も見ておこう。

一方、大和絵では土佐光信が出て、土佐派の地位を確立した。

また、水墨画に大和絵を取り入れた狩野派もこの時代に登場する。狩野派の祖は狩野正信、その子が狩野元信。特に狩野元信の作品として『大仙院花鳥図』を覚えておくこと。

秋冬山水図

なお、「大仙院」は大徳寺にある。大徳寺は林下の臨済宗寺院で、大仙院庭園（枯山水の庭）と『大仙院花鳥図』を有しているのだ！

✓ 連 歌

連歌はこの時代にさらに発展した。宗祇が正風連歌を生み出し，『新撰菟玖波集』を編纂した。山崎宗鑑は俳諧連歌を生み出し，『犬筑波集』を編纂した。

14C 二条良基	➡	15C 宗 祇	➡	16C 山崎宗鑑
『菟玖波集』		『新撰菟玖波集』		『犬筑波集』

連歌は諸国を遍歴した**連歌師**によって普及していった。

✓ 海外にまで知られた有名校

教育では，上杉憲実が下野国（現在の栃木県）に足利学校を再興した。足利学校は宣教師フランシスコ=ザビエルによって「坂東の大学」と称され，西洋にも紹介された。

✓ 新しい神道説

神道では，鎌倉時代に引き続き，反本地垂迹説（神本仏迹説）が主流で，室町時代には吉田兼倶が唯一神道を提唱している。次のようにセットで覚えよう！

鎌倉時代 度会家行＝伊勢神道	⎫
室町時代 吉田兼倶＝唯一神道	⎬ 反本地垂迹説！

✓ 侘茶の流れ

村田珠光が侘茶をはじめた。侘茶は村田珠光から武野紹鷗に受け継がれ，安土桃山時代になって千利休によって茶の湯として大成された（→ p. 92）。AからBへ，BからCへという継承順が大事なのだ。

創始 村田珠光	➡	継承 武野紹鷗	➡	大成 千利休

✓ 花道の発達

座敷飾りもさかんになって，花道（華道）も芽生えた。その祖が池坊専慶である。江戸時代初期にかけて池坊専慶➡池坊専応➡池坊専好と受け継がれて発展した。

「池坊専」までは字面が共通だから，最後の一文字をつないで「慶応好き」と覚えればいい。どうだっ！

✓ 浄土真宗と日蓮宗が飛躍的に発展！

浄土真宗では，本願寺8世の蓮如が越前の吉崎に道場を構え，講の組織と御文によって布教活動を進め，北陸・近畿・東海地方で勢力を伸ばした。

講は信仰者の団体。御文は信仰を平易な文章で説明した手紙だ。そのエンディングはいつも「あなかしこ　あなかしこ」で結ばれている。

日蓮宗では日親が出て，京都や中国・九州など西国に教線を拡大した。しかし，その手段が攻撃的で，他の宗派ともしょっちゅう対立した。また，日親は『立正治国論』を書いて足利義教に諫言したが，焼鍋をかぶる拷問を受けたともいわれ，「鍋かぶり上人」の異名をとっている。

蓮如と日親の活躍時期はともに15世紀後半である。

✓ 有職故実と文学

一条兼良は有職故実書として『公事根源』を著したほか，政治論として『樵談治要』も執筆した。

また，小歌の歌集として『閑吟集』も編纂された。庶民に夢を与えた『一寸法師』や『物くさ太郎』のような短編物語を総称して御伽草子という。

✓ 一条が先か，二条が先か？

さて，室町時代の文化人。紛らわしいのはこの2人。「一条より二条が先」とバッチリ記憶しよう！

人　物	文　化	業　　績
二条良基 → p. 75	南北朝文化	連歌集『菟玖波集』（準勅撰） 連歌の規則書『応安新式』
一条兼良 → p. 83	東山文化	有職故実書『公事根源』 政治論『樵談治要』

④戦国期の文化

応仁の乱で京都が荒廃し，文化が地方に普及した。

✓ 領国の文化

室町時代末期の戦国期の文化で，「天文文化」と呼ばれることもある。「天文」は 1532～55 年の年号だ。

15 世紀後半，応仁の乱で京都が焼け野原になり，僧侶や知識人ら多くの文化人が地方に下向した。

✓ 儒学の地方伝播

地方にも知識人を歓迎するムードが強く，肥後の菊池氏や薩摩の島津氏のもとで朱子学を講じた桂庵玄樹はのちの薩南学派の祖となった。

また，戦国時代には，土佐で海南学派と呼ばれる朱子学の一派が生まれたとされている。「海南学派」の中の2 文字をとって「南学」とも呼ばれ，これが江戸時代になると谷時中の流れに発展する（→ p. 107）。

> 薩南学派 薩摩。桂庵玄樹が祖。
> 海南学派 土佐。「南学」。江戸時代に発展。

✓ 山口―「西の小京都」

山口は日明貿易や日朝貿易で栄えた**大内氏**の城下町で，多くの文化人を招き，「西の小京都」として発展した。

相国寺の雪舟（→ p. 81）も山口に身を寄せ，大内氏の庇護で明に渡った。応仁の乱のころである。帰国後も山口を拠点に創作に専念し，日本の水墨画を大成した。

✓ 日蓮宗徒の動き

日親の布教（→ p. 83）により，**京都の町衆**には日蓮宗（法華宗）の信者が多く，彼らは戦乱から身を守るために団結した。1532 年には一向宗徒の**一向一揆**に対抗して法華一揆を結び，山科本願寺を焼打ちして，京都の町政を自治的に運営した。

しかし，1536 年には**比叡山延暦寺**と衝突して敗れ，法華一揆は崩壊し，京都の日蓮宗寺院は焼払われた。時の年号をとって，これを**天文法華の乱**と呼ぶ。

✓ 民衆芸能

応仁の乱のあと，京都の町衆によって**祇園会**（→ p. 51）が復興された。現在の祇園祭のもとである。

また，寺社の祭礼のときなどには人々が異様な格好をして踊ることもあり，それを**風流**（風流踊り）と呼んだ。その風流踊りに念仏踊りが結びついて**盆踊り**となった。盆踊りがはじまったのは室町時代なのだ。

室町文化　85

✓ 門前町—大寺社の門前市から発達

文化史に関連する都市としては，門前町と寺内町がある。両者の性格の違いをしっかり区別しておこう。

中世には大寺社の門前に門前町が発達し，宿坊や茶屋などもあり，開放的で経済的にも潤いを見せた。

善光寺の長野（信濃），伊勢神宮の宇治・山田（伊勢），延暦寺の坂本（近江）などが有名である。

✓ 寺内町—寺院を中心とする宗教都市
じないまち

寺内町はおもに一向宗の寺院を中心に発達した町である。他の宗派や権力と対立することもしばしばあったため，周囲に濠をめぐらすなど武装的性格が強い。

富田林（河内），石山（摂津）などが有名だ。石山は
とん だ ばやし
現在の大阪市の中心部にあたり，蓮如が石山本願寺を開いて発達した。

門前町と寺内町。くれぐれも混同しないように！

✓ 「庶民」「みんなで」がキーワード！

室町文化の大きな特徴は，「庶民」も含めて，寄り合った「みんなで」参加して楽しんだことである。

惣の寄合と同様に，茶・連歌などは「みんなで」寄り合って参加するものだった。また，小歌や狂言，盆踊り，御伽草子は，庶民の姿が描かれたり，庶民自身が参加し
おとぎぞうし
たりするものであった。

古代の貴族から鎌倉時代の武士を経て，室町時代にはとうとう「庶民」が文化の担い手として登場することになったのである。

第 4 章

近 世

early modern period

覚えることが多く，ここらが踏ん張りどころ。
流れを意識して，知識を結びつけていこう。

桃山文化

桃山文化は…

仏教色が薄れ，現実的で力強く，豪華絢爛（ごうかけんらん）な文化！

✓ 5つの特徴

　安土桃山時代の文化だが，ここから文化の色合いが一新する。その特徴をざっと挙げておこう。

①仏教色が衰退
②豪華・絢爛・壮大
③豪商・新興大名が文化の担い手に
④都市の民衆文化も開花
⑤南蛮の異国文化の影響も強い

　特に，桃山文化といえば「豪華絢爛」。イメージ的には「黄金色」といってもいい。

✓ 仏教色が衰退

　室町幕府の権威失墜とともに，臨済宗は力を失った。また，織田信長は仏罰を恐れず，延暦寺や一向一揆などの仏教勢力を徹底的に弾圧した。こうした時代の精神は文化面にも反映され，建築・彫刻・絵画などの美術作品からは仏教的な色彩が急速に薄れていった。

　例えば，それまでの寺院建築に代わって城郭建築がさかんになった。城郭は大名の権威と実力を示すシンボル

である。来世主義から現世主義への転換といえるだろう。桃山文化は，**現実主義的精神**に富んでいるのだ！

✓ 文化でも下剋上（げこくじょう）？

　この時代には，町衆などの豪商や新興大名が新たに文化の担い手となった。それまでは公家や僧侶が中心であったことを考えると，「文化の下剋上」ともいえる。

　豪商や大名の経済力を背景とした，豪華絢爛な文化。しかし，きらびやかなイメージをもつ反面，侘茶（わびちゃ）に見られるような「侘び（わ）」「寂び（さ）」の精神も並存した。

桃山美術①
まずは**建築物**から見ていこう。**城郭建築**がメインである！

✓ お城が山から下りてくる

　戦国時代になると**城郭建築**がさかんになった。中世には軍事的要請から自然の地形を活かした山城（やまじろ）がメインであったが，領国支配の必要から平山城（ひらやまじろ）が多くなり，やがて平地に築かれる平城（ひらじろ）へと変化していった。

　「お城が山から平地に下りてくる」と理解しておこう。

✓ お城の色は白じゃない？

　城郭には濠や石垣が複雑にめぐらされた。城郭の心臓部が本丸の天守閣。高層建築である。これを二の丸・三の丸といった郭（くるわ）が取り囲んだ。

　城内には書院造の居館も設けられ，その内部には金箔をあしらった濃絵（だみえ）の障壁画（しょうへきが）が豪華絢爛に描かれていた。お城の中は白ではなく，黄金色だったのである！

✓ 近世の城郭—場所もセットで覚えよう！

①安土城（近江）…織田信長。平山城。
②伏見城（山城）…豊臣秀吉。平山城。
③大坂城（摂津）…豊臣秀吉。平城。
④姫路城（播磨）…別名「白鷺城」。平山城。

✓ 秀吉の建築物—その遺構

太閤・豊臣秀吉の聚楽第。城郭風の邸宅で，平安京の大内裏跡に築かれたとされている。その遺構ともいわれるのが西本願寺飛雲閣だ。

また，琵琶湖に浮かぶ竹生島の都久夫須麻神社本殿は，伏見城の遺構といわれている。伏見城は秀吉が晩年に営んだ邸宅を兼ねた城郭である。

✓ 彫刻界に大異変？

それまでの仏像彫刻に代わり，室内空間を飾る欄間彫刻がさかんになった。透し彫りで立体的なデザインに仕上げてから彩色を施すなど，見事な芸術作品である。

桃山美術②

絵画では障壁画。水墨画と濃絵の2タイプがある。

✓ 障壁画—濃絵と水墨画

絵画では，天井・壁・襖・屏風などに描く障壁画がさかんになった。障壁画には水墨画と金碧濃彩画の2タイプがある。金碧濃彩画は余白を金箔地で仕上げた肉厚の濃彩画で，濃絵とも呼ばれる。

狩野派の画家たちは濃絵を得意とした。また，長谷川
等伯や海北友松といった画家たちは，濃絵だけでなく
水墨画にも優れた作品を残した。

✓ 狩野派の発展

狩野派は時の支配者（足利→織田→豊臣→徳川）の御
用絵師となり，長きにわたって画壇に君臨する。

この時代の主役は狩野永徳とその門人狩野山楽。室町
時代の正信・元信（→ p. 81）としっかり区別しておこう。

```
     室町                  安土・桃山
   狩野正信──元信──■──永徳……山楽
                        （山楽は永徳の門弟）
```

なお，江戸初期の狩野探幽（→ p. 99）は，永徳の孫。

✓ 桃山時代の絵画はこれを押さえる！

| 濃絵 | 狩野永徳『唐獅子図屏風』『洛中洛外図屏風』 |

唐獅子図屏風（09追1，93本4）

長谷川等伯『智積院襖絵楓図・桜図』

| 水墨画 | 海北友松『山水図屏風』 |

狩野山楽『松鷹図』

なお，『洛中洛外図屏風』のように市井の風俗を描い
た絵を風俗画と呼ぶ。これにも狩野派の作品が多い。

✓ 侘茶の流行— 千利休と茶室

侘茶も桃山時代に千利休によって大成された。千利休といえば——堺の豪商出身。これは常識だ。

千利休は妙喜庵待庵という2畳の簡素な茶室をつくった。狭い出入り口は「にじり口」と呼ばれる。武士が茶室に入るために刀を置いたという話は有名だ。身を縮めてくぐり抜けると，そこは閑寂な茶室。侘茶の精神だ。

✓ 秀吉のお茶会

また，豊臣秀吉は1587年に京都の北野神社で盛大な茶会を開き，身分や貧富の差を超え，広く庶民にまで茶碗を持って集まれと呼びかけた。北野大茶湯である。

歌舞伎に代表される…
民衆芸能も発達した。庶民の娯楽としての生活文化である。

✓ 歌舞伎がいよいよはじまった

出雲大社の巫女と伝えられる出雲阿国は，能・狂言や念仏踊りを取り入れ，京都でかぶき踊りを行った。阿国歌舞伎のはじまりである。「かぶき」はもともと「傾奇」と書き，ケバい格好や異様な振る舞いをする者のことだ。

なお，阿国歌舞伎はのちに女歌舞伎に発展したが，江戸幕府により綱紀粛正のために禁止された。そのあととイケメン少年が演じる若衆歌舞伎に受け継がれたが，風俗を乱すとしてこれも禁止され，今日の成年男子による野郎歌舞伎に発展していった。

✓ 歌舞伎の変遷

女歌舞伎・若衆歌舞伎・野郎歌舞伎は江戸時代前期に
さかんになり，元禄歌舞伎に受け継がれていった。「女」
「若衆」「野郎」「元禄」とつながったので，順序として
は「女が若けりゃ野郎は元気」と覚えちまおう！

> 阿国歌舞伎➡
> 　女歌舞伎➡若衆歌舞伎➡野郎歌舞伎➡元禄歌舞伎

✓ 琵琶なんてもう古い？

新しい楽器の登場だ。中国の三絃（三線）が琉球経由
でもたらされた。蛇の皮を張っていたので蛇皮線と呼ば
れたが，これを改良して猫皮を使ったのが三味線である。
　三味線を伴奏に浄瑠璃節が語られた。これに人形繰
りを取り入れたのが人形浄瑠璃（→ p. 104）である。
　また，堺の商人高三隆達が独自に節付けをした小歌
が人気を呼んだ。隆達節である。

✓ 庶民の生活

衣服では，男女ともに小袖が一般的となった。また，
素材としては麻に代わって木綿が普及しはじめた。木綿
の栽培は戦国時代にはじまった。その中心は三河地方で
ある。
　住居は，農村部では萱葺屋根の平屋が多かったが，京
都などの都市部では二階建ての瓦屋根住居も出現した。
　食生活では，それまでの1日2食（朝・夕）から3食
（朝・昼・夜）となった。

南蛮文化

キリスト教だけでなく，ヨーロッパの学問や技術が伝わった。

✓ 南蛮文化とは…

「南蛮人」とはポルトガル人・スペイン人のことで，彼らとの貿易を**南蛮貿易**，彼らからもたらされた文化を**南蛮文化**という。鉄砲の伝来（1543 年・種子島）やキリスト教の伝来（1549 年・鹿児島）をそのはじまりとする。

◎**南蛮人**…ポルトガル・スペインなど
　　　　　カトリック系（布教と貿易が一体）
◎**紅毛人**…オランダ・イギリスなど
　　　　　プロテスタント系（貿易のみを行う）

✓ キリスト教の伝来

1549 年，鹿児島にキリスト教が伝来した。伝えたのはイエズス会のスペイン人宣教師**フランシスコ=ザビエル**。ザビエルは島津貴久，大内義隆，大友義鎮らの許可を得て，おもに西国で布教した。

✓ 宣教師たちの活動

南蛮貿易は宣教師たちによる布教活動と表裏一体の関係で行われた。その一方で，宣教師たちは医学や天文学などの**西洋の学問や技術**を日本に伝える役割も担った。

イエズス会の宣教師では，信長・秀吉と親交を深めた**ルイス=フロイス**（ポルトガル人）や，天正遣欧使節を率いた**ヴァリニャーニ**（イタリア人）などが有名。

✓ キリスト教の学校

キリスト教の伝来と布教にともなって，国内にもキリスト教関係の教育施設がつくられた。安土・有馬にはセミナリオ，豊後府内にはコレジオが建てられた。セミナリオは神学校で，コレジオは宣教師養成所だ。

✓ 南蛮屏風―描いたのは誰？

屏風については障壁画のところで触れたが，実はもう一つのタイプがある。**南蛮屏風**だ。南蛮人たちの風俗などが描かれている。それでは，正誤問題を一つ。

> 「西洋人画家が南蛮人の風俗を南蛮屏風に描いた」
> ――○か×か。

（正解：×）

恐ろしや！　これは過去の試験で実際に出た問題である。

南蛮屏風の見た目は確かに西洋画っぽい。ところが，これを描いたのは外国人画家ではなく，狩野派などの**日本人画家**である。ここを勘違いしないように！

✓ 印刷技術―２つの伝来ルート

イエズス会の宣教師**ヴァリニャーニ**（イタリア人）によって金属製の活字による**活字印刷術**が伝えられ，宗教書や文学作品，日本の古典や辞書などがローマ字で印刷された。**キリシタン版**，または**天草版**と呼ばれている。

> 『天草版平家物語』
> 『天草版伊曽保物語』（イソップ物語）
> 『日葡辞書』（ポルトガル語による日本語辞書）

また，文禄の役のときには，朝鮮からも木活字による印刷術が伝わり，後陽成天皇の命で日本の古典などが印刷された。これを慶長 勅版とか慶長版本と呼んでいる。

菅野のマメ知識

印刷自体はこれ以前にも行われていた。奈良時代の『百万塔陀羅尼』（→ p. 40）は世界最古の印刷物といわれる。室町時代のところで触れた五山版（→ p. 77）も印刷物である。これらは木版印刷で，1ページ分の版木に直接文字を削った。

これに対して活字印刷では，活字を1文字ずつ並べて1ページ分の版を製造した。しかし，多くの活字を必要とするため，木版印刷の方がはるかに楽で，自由度も高かった。結局，江戸時代には活字印刷が行われなくなってしまうのだ。

✓ 今も残る外来語

宗教・学問・技術以外にも，パン・カステラ・てんぷら・たばこ・カルタ・メガネ・ボタンなどがもたらされ，一部は生活の中に定着した。

現在でも使われている外来語もある。例えば，パン・カルタ・カステラはもともとはポルトガル語である。

寛永期の文化

江戸時代になると…

朱子学を中心とする儒学がさかんになった。

✓ 寛永期の文化は…

桃山文化を受け継ぎ，元禄文化に橋渡しする文化である。「江戸時代初期の文化」といってもいい。

寛永年間は 1624〜44 年，3 代将軍徳川家光のころ。武断政治の時期だが，戦乱の世が終わり，幕藩体制の確立とともに時代の気運が落ち着いていった時期でもある。

✓ 朱子学―幕府の御用学問

江戸幕府は朱子学を重視した。朱子学は南宋の朱熹が大成した儒学の一派。日本には鎌倉時代に伝えられ，室町時代には五山の禅僧によって研究が進められた。

朱子学は大義名分論を基礎として，君臣・父子の別をわきまえ，身分秩序を重視した。幕府や諸藩は封建社会維持のための基本理念として朱子学を重んじたのである。

✓ 近世朱子学の祖―藤原惺窩

江戸初期に藤原惺窩が朱子学の一派として京学をおこした。彼は相国寺の僧侶だったが，還俗して朱子学の啓蒙に努めた。だから朱子学は，僧界から解放されたとい

うことになる。その門人が林羅山である。

✓ 林家の登場

林家の祖・林羅山は藤原惺窩に師事し、家康～家綱までの4代の将軍の侍講を務めた。やがて林家は代々、学問・教育を担当して幕府に仕えることになった。詳しくはのちほど触れよう（→ p. 108）。

なお、林羅山は子の林鵞峰とともに幕命によって歴史書『本朝通鑑』を編纂している。

江戸初期の美術

チェックすべき作品は多くない。特徴を確実につかもう！

✓ 権現造と数寄屋造

建築では祖先を祀る霊廟建築がさかんになった。徳川家康を祀る日光東照宮（栃木県日光市）はその代表例で、権現造の神社建築である。極彩色の華麗な陽明門が特に有名だ。

茶室建築に書院造を融合させたのが数寄屋造である。京都郊外の桂離宮や修学院離宮に見られる様式だ。

日光東照宮陽明門
（13本4，04本4）

桂離宮
（04本4）

✓ 絵画―狩野派・土佐派・住吉派の大バトル！

①狩野派。狩野探幽が出て，幕府の御用絵師として江戸
　で活躍し，『大徳寺方丈襖絵』などを残した。
②土佐派。土佐光起が出て，朝廷の絵所預として京都
　で活躍し，江戸の狩野派に対抗した。
③住吉派。土佐派から住吉如慶・具慶父子が出て，住吉
　派をおこした。住吉具慶は土佐派に対抗して幕府の御
　用絵師を務めることになる。

なお，「御用絵師」とは幕府方の，「絵所預」とは朝廷
方の，それぞれ専属絵師という意味だ。

✓ チェックすべき絵画はこっち！

しかし，狩野派・土佐派・住吉派とも，大きな発展は
見られなかった。その代わりに次の2つを押さえよう。

①久隅守景『夕顔棚納涼図屏風』
② 俵屋宗達『風神雷神図屏風』

狩野探幽の門人で，のちに破門となったのが久隅守景。
『夕顔棚納涼図屏風』が特に有名である。あごに手をあ
ててくつろいでいる，うつ伏せポーズのオヤジ。真似し
てみたが，あの姿勢，実はそんなに楽ではない。

夕顔棚納涼図屏風

京都の町衆出身で，土佐派から装飾的な画法を学んだのが俵屋宗達だ。『風神雷神図屏風』は忘れられない。

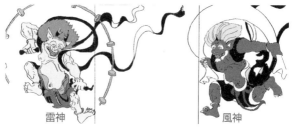

雷神　　　　　　　　　　　　　風神

風神雷神図屏風

左の白っぽいのが雷神，右の黒っぽいのが風神だ。雷神は太鼓を打ち鳴らしており，風神は風袋を背負っている。絵画をただ見るのではなく，よ〜く観察しよう。

✓ 本阿弥光悦—芸術村をつくった男

江戸初期の工芸家で絶対に忘れちゃいけないのが本阿弥光悦と酒井田柿右衛門の2人だ。

本阿弥光悦は徳川家康から京都の鷹ヶ峰に土地をもらって芸術村をつくった人。そこに当代きっての最高レベルの芸術家たちが集まった。光悦自身も書道・陶芸など，いろんな面で才能を切り開いていった。

特に『舟橋蒔絵硯箱』は蒔絵の傑作といっていい。元禄文化のところで登場する，尾形光琳の『八橋蒔絵螺鈿硯箱』と混同しないように注意が必要だ。

✓ お国焼のはじまり

文禄・慶長の役のときに，朝鮮から多くの陶工が捕虜として連行された。そして，西南諸藩の大名のもとで新たに陶磁器が生産されはじめた。**お国焼**である。島津氏の薩摩焼，毛利氏の萩焼，鍋島氏の有田焼が特に有名。

✓ 酒井田柿右衛門─有田焼を変えた男

　有田の陶工・酒井田柿右衛門は，白磁の上に色絵を付ける赤絵の技法を完成し，有田焼を発展させた。柿の実のいい色を出したので，柿右衛門と名乗ったという。

　代表作は『色絵花鳥文深鉢』。「色絵○○文深鉢」といえば柿右衛門の作品と見てよい。「○○」の部分に絵柄や文様の名前が入るだけのことだ（→ p.105，106）。

　なお，華やかな赤絵をほどこした有田焼はヨーロッパにも輸出された。伊万里港から輸出されたので，伊万里焼とも呼ばれている。

文芸では…
次の元禄文化につながっていく流れが見えはじめる。

✓ 仮名草子

　文学では，仮名草子が刊行された。絵入り・かな書きの小説である。室町時代以来の御伽草子の流れを受けたものだが，教訓・道徳・娯楽的な内容が多く，通俗的な域を出なかった。文学的価値はさほど高くない。しかし，これが元禄時代の浮世草子へとつながっていく。

✓ 独立した俳諧

　室町後期の俳諧連歌（→ p.82）から俳諧が独立し，松永貞徳は貞門派，西山宗因は談林派と呼ばれる一派を築いた。その延長線上に，次の元禄時代，松尾芭蕉の蕉風俳諧が開花する。

元禄文化

元禄文化は…

上方中心の町人文化。現世を「浮き世」と見る傾向が強い。

✓ 3つの特徴

　元禄文化は5代将軍徳川綱吉の時代（1680〜1709年）を中心とする文化である（元禄年間は1688〜1704年）。鎖国体制を背景とした，第二の国風文化ともいえる。

　次の3つが大きな特徴だ。

①上方を中心に開花した**町人中心**の文化。
②人間性を重視し，**現実主義的**色彩が強い。
③学問の面では**実証主義的**精神が強く発揮された。

✓ 「憂き世」から「浮き世」へ

　「うきよ」という言葉がある。中世までは「憂き世」という字をあてた。この世を「憂鬱な世の中」とネガティヴにとらえる価値観である。だからこそ，そうした時代精神の中で「往生しよう，成仏しよう」といった仏教の救済思想が，広い階層に浸透しえたのだ。

　ところが桃山文化あたりから**現実主義的**精神が芽生えはじめ，江戸時代前期には「浮き世」，つまりこの世を「ウキウキした（^○^）世の中」ととらえるポジティヴな精神が高揚しはじめた。

元禄時代の文学
井原西鶴・松尾芭蕉・近松門左衛門が３本柱！

✓ 浮世草子—西鶴の作品

こうした時代精神を反映して，文学では浮世草子がブームとなった。「浮き世」の享楽的な町人生活を写実的に描写した風俗小説である。

浮世草子といえば井原西鶴。はじめは談林派の俳諧師だったが，のちに浮世草子を創始した。西鶴の作品はジャンル別（好色物・町人物・武家物）に押さえよう。

好色物	『好色一代男』『好色五人女』
町人物	『世間胸算用』『日本永代蔵』
武家物	『武家義理物語』『武道伝来記』

✓ 俳諧—芭蕉の足跡

俳諧では，松尾芭蕉が「寂び」「しおり」「細み」「軽み」などの境地を表現して蕉風俳諧を確立した。芭蕉は江戸の人でも上方の人でもない。伊賀の上野の出身だ。

17世紀末期には門人を連れ，江戸から東北へと旅に出て，北陸を経て美濃の大垣まで歩いた。その紀行文が『奥の細道』である。

✓ 脚本家—近松の作品

人形浄瑠璃や歌舞伎の脚本家では，近松門左衛門がいる。その作品は時代物・世話物に大別され，義理・人情を葛藤的に描写しているのが特徴的である。

> 【時代物】『国性爺合戦（こくせんやかっせん）』
> 【世話物】『曽根崎心中』『心中天網島（てんのあみじま）』『冥途（めいど）の飛脚』

　もし「近松の最初の世話物は？」と聞かれたら『曽根崎心中』と答えればいい。「最初の〜」というのは出題上，ものすごく大事なデータとなる。

✓ 人形浄瑠璃

　その『曽根崎心中』を上演したのが竹本義太夫（ぎだゆう）。

　大坂に竹本座をおこし，義太夫節と呼ばれる独特の節回しを創始し，**人形遣（つか）い**とともに人形浄瑠璃を上演した。

人形浄瑠璃（05 本 3）

✓ 歌舞伎スター誕生！

　歌舞伎（→ p. 92）の世界では，元禄歌舞伎が全盛期を迎えた。上方に坂田藤十郎と，女形で「千両役者」の異名をとった**芳沢（よしざわ）あやめ**，江戸には市川団十郎が出た（いずれも初代）。

　坂田藤十郎は和事（わごと），市川団十郎は荒事（あらごと）を得意芸とした。和事とは色っぽい sexy な芸風，荒事とは大立ち回りのような武勇的で荒々しい芸風のことだ。

> 【上方】坂田藤十郎（和事），芳沢あやめ（女形）
> 【江戸】市川団十郎（荒事）

元禄美術

華やかな京都の美術界。その一方で，いよいよ浮世絵が登場。

✓ 琳派の祖—尾形光琳

美術界では，京都に尾形光琳が出た。光琳は俵屋宗達の画法を取り入れて，華麗で装飾性に富む独特の画法をあみだした。その画風は琳派と呼ばれる。また，蒔絵などの工芸品にも優れた作品を残している。

> **絵画**『紅白梅図屏風』『燕子花図屏風』
>
>
>
> 紅白梅図屏風
>
>
>
> 燕子花図屏風
>
> **工芸品**『八橋蒔絵螺鈿 硯 箱』

✓ 京焼の祖—野々村仁清

陶器では，京都の野々村仁清が色絵を完成させ，京焼の祖となった。代表作には『色絵藤花文茶壺』『色絵月梅文茶壺』などがある。「色絵○○文茶壺」と見たら，野々村仁清の作品だと

色絵藤花文茶壺

思っていい。

受験では，「色絵○○文深鉢」は酒井田柿右衛門（→
p. 101），「色絵○○文茶壺」は野々村仁清と豪快に覚え
てしまった者が勝つ！

なお，野々村仁清に陶法を学んだのが尾形乾山。尾形
光琳の弟である。

✓ 友禅染—宮崎友禅

京都の絵師・宮崎友禅は友禅染の創始者といわれる。
友禅染には，京友禅のほかに加賀友禅というのもある。
尾形光琳が開発した光琳模様は友禅染によって広まり，
その技術は北陸の加賀にも伝播した。

尾形光琳・野々村仁清・宮崎友禅。元禄期の京都美術
界の華やかさがしのばれる。

✓ 浮世絵の登場

元禄絵画といえば浮世絵がある。
祖は菱川師宣。安房（現在の千葉県南
部）の出身で，江戸で浮世絵版画を創
始した。ただし，代表作の『見返り
美人図』は，版画ではなく肉筆画な
ので注意してほしい。その女，右向
きか，左向きか，絵をよ〜く観察す
ることだ。

見返り美人図
```
(17本4,
 05追4,
 93本4 )
```

なお，浮世絵版画は一人で制作し
たのではなく，絵師が下絵を描き，
その後，彫師と摺師の手によって完
成された。三位一体の協力によって
生まれた総合芸術なのだ。

✓ 仏像彫刻—円空仏

円空は諸国を行脚して，「鉈彫」と呼ばれる技法で独特の仏像彫刻を刻み歩いた。その遺作はわかっているだけで5000体を超えるというのだから驚きだ。

その素朴で豪快な作風があまりにも特徴的なので，見れば一発で円空の作であることがわかる。これらの仏像は円空仏と呼ばれ，各地に残されている。

円空仏

儒学の興隆

朱子学・陽明学・古学。同じ儒学でも考え方が違うのだ！

✓ 朱子学—幕府の正学

儒学思想は幕藩体制に適合した考え方であるとして，特に大義名分論にもとづく朱子学が重視された。上下・君臣の別をはっきりわきまえる思想が，封建社会を維持する上で，幕府にとっては好都合であったのだ。

✓ 朱子学派の人々①—南学系

土佐では，谷時中に受け継がれた海南学派（南学）（→ p. 84）から山崎闇斎が出た。彼は垂加神道を提唱し，のちの尊王思想に影響を与えた。

✓ 朱子学派の人々②—京学系

藤原惺窩（→ p. 97）の系統では，加賀の前田綱紀に招かれた木下順庵，正徳の治を進めた新井白石（→ p. 110）が重要だ。

✓ 朱子学派の人々③—林家の繁栄

5代将軍徳川綱吉は**文治主義**の考え方に立って，儒学を重んじた。綱吉は林家の私塾を湯島に移し，学問所として整備した。これが聖堂学問所である。また，綱吉は林鳳岡(信篤)を最初の大学頭に任じた。以来，林家が幕府の文教政策を担当していくことになる。なお，聖堂学問所は，のちに昌平坂学問所（→ p. 121）となった。

✓ 林家3代

初代 林羅山…家康〜家綱の侍講。

2代 林鵞峰…羅山とともに『本朝通鑑』編纂。

3代 林鳳岡…最初の大学頭。

✓ 陽明学派の人々

また，明の王陽明がはじめた**陽明学**も研究された。外面的な規範を重視する朱子学に対し，知行合一の実践主義的立場をとる学問である。

陽明学者では，近江に**藤樹書院**を開いた中江藤樹と，その門下の熊沢蕃山。この2人でいい。熊沢蕃山は岡山の池田光政に仕えたが，のちに『大学或問』で幕政を批判し，下総古河に幽閉されている。

✓ 古学派の人々

一方では，形式化しはじめた儒学に対し，孔子・孟子の原典に直接あたろうとする古学が提唱された。後世の学者による解釈，つまり朱子学や陽明学に頼らないという意味で，和製儒学ともいえるだろう。

古学派では，次の4人が出題のターゲットになる。

人　物	業　　　績
山鹿素行	『聖教要録』で朱子学批判➡赤穂に配流。
伊藤仁斎	古義学。京都堀川に古義堂を開く。
荻生徂徠	古文辞学派。江戸に蘐園塾を開く。
太宰春台	徂徠の弟子。『経済録』で経世論を説く。

　山鹿素行は配流中に『中朝事実』を書き，日本こそが東アジアの中心だと主張した。

　荻生徂徠は徳川吉宗の諮問に対し，『政談』(→ **p. 126**) で具体的な政治改革案を答申した。

　「古学」といっても，古典にかじりつくだけの古くさい学問ではなかった。孔子・孟子の思想を正しく読み取り，それを当代に活かそうとしたのである。

諸学問の発達

学問面では実証主義的な精神が発揮された。

✓ 自然科学の発達

農学 宮崎安貞『農業全書』(日本最初の体系的な農書)
本草学 貝原益軒『大和本草』
　　　　 稲生若水『庶物類纂』
数学 吉田光由『塵劫記』(入門書)
　　　　 関孝和『発微算法』(和算を大成)
地理学 西川如見『華夷通商考』
　　　　 (長崎で見聞した海外事情をまとめた地理書)

　本草学とは，薬草や鉱物などを研究する学問である。なお，貝原益軒は儒学者としても有名だ。

✓ 農学①—まずはこの２人

> 宮崎安貞（元禄期）…『農業全書』
> 大蔵永常（19世紀）…『農具便利論』『広益国産考』

　まずはこの２人をしっかり区別する。できるヤツは，活躍した時代の違いに注目する。

　宮崎安貞は元禄期（17世紀末），大蔵永常は江戸後期〜幕末期（19世紀）。ここがポイントだ！

✓ 農学②—ついでにあと３人

　あとは吉宗に抜擢された田中丘隅。名主の出身で，荻生徂徠の弟子である。

　幕末期には農村復興の指導者が２人出た。二宮尊徳と大原幽学。しかし，その人生は対照的である。二宮尊徳は幕府や諸藩に迎えられて活躍したが，大原幽学は幕府の嫌疑を受けて自殺した。なお，倹約・勤労を主とする二宮尊徳の事業様式は「報徳仕法」と呼ばれている。

✓ 暦の作成

　渋川春海（安井算哲）は，平安以来の宣明暦の誤差を改め，1684年に貞享暦を作成した。幕府の初代天文方に任命されている。江戸時代の暦では，高橋至時の寛政暦も押さえておこう。これらはすべて太陰太陽暦だ。

✓ 新井白石の著書

　新井白石は「天下九変五変説」と呼ばれる独自の発展段階論にもとづいた史論書『読史余論』を執筆した。徳川政権の正統性を説く内容で，6代将軍徳川家宣への日本歴史の講義案をもとにしている。

新井白石といったら，入試に出る著書はもっとある。入試では，自叙伝の『折たく柴の記』，屋久島に潜入して捕えられたイタリア人宣教師シドッチを尋問してまとめた『西洋紀聞』『栄覧異言』あたりまでを覚えておけばいい。

✓ 水戸藩の修史事業

1657年，水戸藩主の徳川光圀は『大日本史』の編纂をはじめた。そのために江戸藩邸に設けられた編纂所が彰考館だ。藩校の弘道館と間違うな（→ p. 129）。

漢文・紀伝体で書かれており，南朝を正統としているところに大きな特徴がある。編纂には相当時間がかかり，1906年，日露戦争の後になってようやく完成した。

✓ 古典の研究

文学では，幕府の歌学方となった北村季吟が『源氏物語』を研究して『源氏物語湖月抄』を書き，契沖は『万葉集』を研究し，注釈書『万葉代匠記』をまとめた。この古典研究の流れが，やがて国学（→ p. 121）へと発展していく。

✓ 神道と仏教

宗教では，山崎闇斎の垂加神道のほかには，中国から亡命してきた明僧の隠元隆琦が黄檗宗を伝えた程度である。インゲン豆の隠元だ。黄檗宗の本山は，宇治の万福寺である。

宝暦・天明期の文化 〜化政文化

江戸後期の文化は…

江戸を中心に開花した**町人文化**。風刺や皮肉も流行した。

✓ 4つの特徴

江戸時代後期，宝暦・天明期〜文化・文政年間に開花した町人文化である。特徴は大きく分けて4つ。

①**江戸**が文化の発信地となった。
②中央だけでなく，**地方文化**も興隆した。
③学問や思想では**考証的・科学的**精神が芽生えた。
④**享楽的・退廃的**気運が高まった。
（→旧体制から脱却を図る風潮が高揚した）

文化の内容が**多様化**したのも特徴的で，実にバラエティに富んでいる。まずは文学から見ていこう。

文 学

「ジャンル名・作品名・作家名」をセットで押さえよう。

✓ ここがポイント！

それぞれの改革で弾圧されたのは誰か。ジャンルと作品名は何か。こういうところを覚えておけばいい。

時　　期	ジャンル	作家	作品名
寛政の改革	洒落本	山東京伝	『仕懸文庫』
	黄表紙	恋川春町	『金々先生栄花夢』
天保の改革	人情本	為永春水	『春色梅児誉美』
	合巻	柳亭種彦	『偐紫田舎源氏』

✓ 洒落本と黄表紙

　遊郭での遊びや通を描いた小説を洒落本という。洒落本作家として覚えるべきは一人でいい。『仕懸文庫』を書いた山東京伝である。

　風刺を効かせた絵入りの小説を黄表紙という。文字通り，表紙が黄色いのだ。これも覚えるべきは一人。『金々先生栄花夢』を書いた恋川春町である。

　洒落本と黄表紙は，綱紀粛正のために寛政の改革で弾圧された。

✓ 人情本と合巻

　婦女子向けの恋愛をテーマとしたのが人情本で，為永春水の『春色梅児誉美』がヒットした。

　黄表紙を合本したのが合巻だ。合巻作家には『偐紫田舎源氏』を書いた柳亭種彦がいる。

　この人情本と合巻は，風紀を乱すものとして天保の改革で弾圧された。

＊　　＊　　＊　　＊　　＊

　それでは弾圧されなかったものを見ていこう。風刺が目立たず，面白いものや勧善懲悪モノは，お上にもにらまれなかったのだ。

✓ 滑稽本

　会話を中心とし，そのやりとりを面白おかしくまとめた小説が**滑稽本**だ。十返舎一九の『**東海道中膝栗毛**』は弥次・喜多道中で有名だし，式亭三馬の『**浮世風呂**』『**浮世床**』も庶民の姿をうまく描写して人気となった。

　『浮世風呂』では，番台の上から見た庶民生活，特に服装・会話などが面白くつづられている。髪結床や銭湯は庶民の社交場，本音を出せる場でもあったのだ。

✓ 読　本

　絵入りの本に対して，文字中心の小説も登場した。その名も**読本**である。勧善懲悪＆因果応報の精神が底流しているのが特徴だ。上田秋成『**雨月物語**』や，曲亭馬琴『**南総里見八犬伝**』が有名である。なお，上田秋成は大坂の人，曲亭馬琴は江戸の人だ。

✓ 江戸時代の小説の流れ

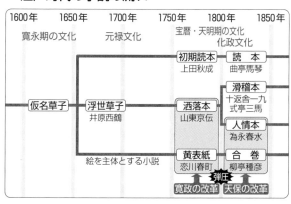

1600年	1650年	1700年	1750年	1800年	1850年
寛永期の文化		元禄文化	宝暦・天明期の文化 化政文化		

✓ 江戸時代の出版事情

こういった本は，貸本屋を通じて庶民に広く読まれていった。貸本屋の中には風呂敷にいっぱい本を入れて背負い，得意先を回って歩く者もあった。

なお，蔦屋重三郎は本屋を経営するとともに出版業を営んだ。黄表紙・洒落本・浮世絵などを刊行して繁盛したが，山東京伝の作品を出版したために寛政の改革で処罰され，財産の半分を没収されてしまった。

俳諧が広く浸透し…

狂歌や川柳が生まれ，庶民の間で流行した。

✓ 俳諧と和歌

俳諧では，天明期に写生的な句を残した与謝蕪村と，化政期に農村の庶民感情を詠んだ小林一茶がいる。蕪村は文人画家としても名高い（→ p. 119）。一茶の俳書では『おらが春』を押さえよう。

歌人では，万葉調の歌を詠んだ良寛が有名だ。

それでは，ここで正誤問題を一つ。

> 「与謝蕪村は万葉調の俳諧に秀作を残した」
> ──○か×か。

（正解：×）

蕪村は「天明調」，良寛は「万葉調」。こういうところがポイントとなる。そもそも『万葉集』は俳句ではないから，「万葉調の俳諧」ということ自体，アリエネェ！冷静に考えればすぐわかる。

✓ 川柳—誰のこと？

川柳とは，五・七・五の句で，季語などの制約がなく，世相を風刺したものや，人情の機微を詠んだものが多い。柄井川柳が撰者となり『誹風柳多留』をまとめたことから「川柳」の名が一般的になった。

川柳にはおもしろいものがたくさんある。メニュー2品を用意した。何を，そして誰を皮肉っているか，考えながら召し上がれ。

▶「帰朝した　船人うそは　つき次第」

大黒屋光太夫を皮肉っている。1792年にラクスマンに伴われて帰国したが，鎖国時代なのでロシアの話をしても誰も信用せず，みんな彼を「うそつき」とした。

▶「筑紫にて　カルタの絵でも　書きやがれ」

菅原道真を皮肉っている。901年に大宰府に流されたので「筑紫」。「カルタ」の絵柄になっているのは梅である。道真が詠んだ「東風吹かば　にほひおこせよ　梅の花　あるじなしとて　春な忘れそ」がベースにある。

✓ 狂歌の世界

狂歌師では大田南畝（蜀山人）や宿屋飯盛（石川雅望），この2人は名前だけ覚えておけばいい。出題率からいうと，「大田＞宿屋」で圧倒的に大田が強い。ちなみに「太田」ではなく「大田」。入試本番でも出題ミスプリが見られるほどだ。

有名な狂歌を2品用意した。一度は聞いたことがあるかと思う。

▶「世の中に　たえて女の　なかりせば
　　　　　　　　男のこころ　のどけからまし」

年を重ねると実感する人もいるだろう。在原業平の
「世の中に　たえて桜の　なかりせば　春のこころは
のどけからまし」をパロったものだ。

▶「白河の　清きに魚の　すみかねて
　　　　　　　　もとの濁りの　田沼こひしき」

松平定信の寛政の改革があまりにも厳格だったことに
対して，ガス抜きを求める皮肉が込められている。

✓ 地方との交流

ローカル色が濃いものといえば，菅江真澄の東北旅行
記『菅江真澄遊覧記』と，越後の文人鈴木牧之が書いた
エッセイ『北越雪譜』の2点。菅江真澄は三河出身の国
学者でもある。鈴木牧之は山東京伝や曲亭馬琴とも交際
し，『北越雪譜』で雪国の自然や生活を紹介した。中央
と地方の文化交流が見て取れる。

✓ 浄瑠璃と歌舞伎

芸能関係では，浄瑠璃作者の竹田出雲。代表作として
『仮名手本忠臣蔵』と『菅原伝授手習鑑』を覚えよう。
ちなみに，ともに他2名との合作である。

歌舞伎作者では鶴屋南北（4世）。その代表作に『東
海道四谷怪談』がある。また，少し時代が下がるが，幕
末期から明治にかけて活躍したのが河竹黙阿弥（→ **p.
157**）。盗賊をテーマとした白浪物の第一人者である。

絵画では…

錦絵の登場で浮世絵が全盛期に。文人画も流行した。

✓ 浮世絵の流れ

〔元禄期〕	〔18世紀中ごろ〕	〔宝暦・天明期～化政期〕
浮世絵版画	錦　絵	大首絵
（単色刷）	（多色刷）	• 喜多川歌麿（美人画）
• 菱川師宣	• 鈴木春信	• 東洲斎写楽（役者絵）
（→ p.106）		風景版画
		• 葛飾北斎
		• 歌川広重

✓ 錦絵—多色刷版画の登場

18世紀中ごろ，鈴木春信は多色刷の浮世絵版画を創作した。錦絵である。こうして浮世絵は黄金期を迎えた。

きらびやかな錦絵，しかも役者や美人が描かれているとなれば，誰だって欲しくなる。だから錦絵の浮世絵は江戸土産として地方の人々にも重宝されることになる。

✓ 美人画

美人画といえば喜多川歌麿。その手法は大首絵といって，顔をアップで描く技法だ。傑作『婦女人相十品』の中の一枚が『ポッピンを吹く女』である。

この絵はかつて記念切手の図柄になり，当時の額面は10円だったが，今や100倍の値がつくこともある。

ポッピンを吹く女
（05追4）

✓ 役者絵

役者絵を得意としたのが東洲斎写楽。生没年さえわからない謎の人物だが，試験にはちゃんと出ている。試験では実在の人物なのだ！　『市川鰕蔵』『大谷鬼次の奴 江戸兵衛』は有名だ。

市川鰕蔵

✓ 風景版画

一方では，諸国の名所を描いた浮世絵版画の人気にも火がついた。覚えておくべきは2つ。葛飾北斎の『富嶽三十六景』，歌川広重といえば『東海道五十三次』。

昔は，N園のお茶漬け海苔にこれらのミニ版カードが封入されていて，よく集めたものだ。いつしかカードが封入されなくなり，封を開けるときの楽しみが消えた。

富嶽三十六景（93本4）

✓ 文人画

文人や学者のように，本業が絵描きではない人々が描いた絵を文人画といい，江戸後期に最盛期を迎えた。池大雅は与謝蕪村と合作で『十便十宜図』を描いたし，蘭学者の渡辺崋山は『鷹見泉石像』を描いた。

鷹見泉石像

文人画家としては谷文晁や田能村竹田も有名である。

✓ 写生画

遠近法を取り入れて**写生画**を開発したのが円山応挙。日本ではじめて足のない幽霊の絵を描いた人だ。代表作に『雪松図屏風』がある。

> 「遠近法・写生画といったら円山応挙,
>
> 　　　　応挙といったら遠近・写生画」

こうやって声に出して覚えていく。記憶として定着させるには,しゃべって覚えた方が絶対にいい。

✓ 四条派

文人画家たちの作品と円山応挙のイイトコ取りをしたのが呉春(松村月溪)。京都の四条通に住んでいたので,彼とその門人一派は**四条派**と呼ばれた。松村月溪＝呉春は四条派の祖である。

✓ 西洋画

日本画だけではない。西洋画も描かれた。それに先鞭をつけたのが『西洋婦人図』を描いた平賀源内だ。

源内は**エレキテル**(摩擦起電器)や寒暖計,火浣布(不燃布)などを開発した科学者でもあり,さらには戯作者としても活躍するなど,実にタフな人だった。

彼と付き合いのあった司馬江漢は銅版画を得意とし,凸レンズで見る眼鏡絵として『不忍池図』を制作した。亜欧堂田善も押さえておこう。代表作に『浅間山図屏風』がある。「亜欧堂」とは変わった名字だが,「アジア」と「ヨーロッパ」にちなんだペンネームである。

学問・思想では…

少し覚えることが多い。人物と業績をセットで押さえよう。

✓ 儒学の動向

まず，松平定信の寛政の改革における寛政異学の禁（1790 年）が重要。これにより，湯島の聖堂学問所では朱子学以外の講義・研究が禁じられた。ここで活躍したのが，寛政の三博士（柴野栗山・尾藤二洲・岡田寒泉のち古賀精里）である。なお，聖堂学問所は 1797 年に幕府直轄に改められ，昌平坂学問所となった。

✓ 新しい儒学

また，江戸中期以降には，儒学の一派として折衷学派と考証学派が台頭した。折衷学派とは，どの学派にもとらわれず，折衷的立場に価値を求める一派。考証学派は古典の解釈を実証主義的に進めようという一派のことだ。

✓ 国学がはじまった

元禄時代の古典研究（→ p. 111）の流れを受けて，江戸中期ごろから国学がさかんになった。日本の古典を研究し，日本独自の思想や精神を見出そうとする学問だ。

国学については「本居宣長が大成した」という知識が何よりも重要だが，周辺ももう少し押さえておこう。

✓ 国学者の系譜

荷田春満―――賀茂真淵―――本居宣長……平田篤胤
（平田篤胤は本居宣長の死後の門人）

①荷田春満。京都・伏見稲荷神社の神職で,『万葉集』を学び,神道の復興に努めた。

②賀茂真淵。浜松(遠江)の人。『国意考』で復古思想を唱えた。「国意」とは,儒教や仏教の影響を排した日本固有の思想のことである。

③本居宣長。松坂(伊勢)の医者で,国学の大成者だ。『古事記』の研究に力を注ぎ,『古事記伝』をまとめた。

④平田篤胤。江戸後期に復古神道を提唱し,幕末の尊王攘夷運動に大きな影響を与えた。

突然ですが,正誤問題の時間です。

「賀茂真淵の弟子荷田春満は,『万葉集』などの研究を進めた」
――○か×か。

(正解:×)

これは1997年度の試験で実際に出た問題だ。つまり,この4人は順番通りに覚えていないと意味がない!

✓ 神道はややこしい?

平田篤胤の復古神道。江戸前期に垂加神道を提唱した山崎闇斎とペアで覚えておこう。

江戸前期 垂加神道(儒学系)…山崎闇斎
江戸後期 復古神道(国学系)…平田篤胤

✓ 盲目の国学者―塙 保己一

賀茂真淵の弟子に,塙保己一がいる。幕府に願い出て和学講談所を設立し,古代以来の国書を集めた『群書類従』を編纂した。歴史学への貢献度は計り知れない。

洋学の発達

鎖国にもめげずに，西欧の学術・知識を積極的に吸収した！

✓ 吉宗の時代に…

徳川吉宗は実学を重視し，漢訳洋書の輸入制限を緩和するとともに，青木昆陽や野呂元丈に蘭学を学ばせた。蘭学とは，もちろん「オランダの学問」という意味だ。

青木昆陽は甘藷（＝さつまいも）の栽培法を研究し，「甘藷先生」と呼ばれた。

✓ 医学の発達

すごい業績を残した人がたくさん出てくる。まずは前野良沢・杉田玄白らが日本最初の西洋医学の翻訳書として『解体新書』を訳述した。これはオランダ語版の解剖書『ターヘル＝アナトミア』を翻訳したもので，1774年に刊行された。田沼時代である。

のちに杉田玄白は翻訳の苦心談を『蘭学事始』にまとめている。1815年刊行，実に40年後の回想録である。

✓ 蘭学を学ぶ人のために

大槻玄沢は，杉田玄白・前野良沢に学んだ蘭学医。「玄沢」という名前は，師から1字ずつもらったもの。名前もややこしいが，著書名もややこしい。日本最初の蘭学入門書『蘭学階梯』である。「階梯」とは「入門」という意味だ。杉田玄白の『蘭学事始』と間違うなよ。

そして玄沢は，江戸に私塾として芝蘭堂を開き，「オランダ正月」とも呼ばれる新元会を開いている。太陽暦での元日の宴会である（次ページに図あり）。

芝蘭堂新元会図（98追3）

✓ 蘭学医をあと2人

大槻玄沢の弟子には稲村三伯がいる。こちらは最初の蘭日辞書として『ハルマ和解』をまとめた。

さらに，宇田川玄随は内科の専門書を翻訳して『西説内科撰要』を著した。

ここまでに出てきた杉田玄白・前野良沢・大槻玄沢・稲村三伯・宇田川玄随は，全員お医者さんである。蘭学は実学としての医学からさかんになったのだ。

✓ 「鎖国」の名付け親

志筑忠雄はオランダ通詞（つまり通訳）を務めた蘭学者で，ニュートンの弟子が書いた天文・物理学書を訳述し，『暦象新書』を著した。

また，志筑忠雄はオランダ商館医として来日したドイツ人ケンペルの『日本誌』の一部を「鎖国論」というタイトルで訳述した。そう，日本で最初に「鎖国」という言葉を使った人でもあったのだ。

だから，厳密にいえば，鎖国をしいた当時（17世紀前半）には，「鎖国」なんて言葉は存在しなかった。ましてや，「鎖国令」なんて名前の法令もなかったのだ！

✓ 禁断の日本地図…！

伊能忠敬は日本全国の沿岸を測量し，精密な『大日本沿海輿地全図』を作成した。実際に地図が完成したのは忠敬の死から3年経った1821年のことである。

伊能忠敬に測地法などを教えたのは寛政暦をつくった高橋至時（→ p. 110）。その子が高橋景保で，蛮書和解御用の設置を建議した人物である。この人は国外持ち出し禁止の日本地図をシーボルトに渡したために投獄され，獄死した。世にいうシーボルト事件（1828年）である。

✓ 幕府の洋学研究機関

蛮書和解御用は幕府の蘭書翻訳機関で，高橋景保の建議により1811年に天文方に設置された。これ以降，幕府の洋学研究機関は以下のように発展する。そしてこれがのちの東京大学（→ p. 144）の源流の一つとなる。

1811	1855	1856	1862	1863
蛮書和解御用 ➡ 洋学所 ➡ 蕃書調所 ➡ 洋書調所 ➡ 開成所				

✓ 蘭学者への弾圧

蘭学者たちが学問を通して世界情勢に通じるようになると，幕府は蘭学者たちへの警戒を強めた。

モリソン号事件（1837年）に際しては，知識人の集まりである尚歯会のメンバーであった高野長英と渡辺崋山が幕府の外交政策を批判したため，獄につながれることになった。1839年，蛮社の獄である。

2人の著書を混同しないように注意しよう！

高野長英『戊戌夢物語』　　渡辺崋山『慎機論』

政治・社会思想の発達

封建社会を批判し，政治・経済の改革が唱えられた。

✓ 経世論

江戸時代中〜後期になると，封建的社会体制の中にあって，独自の経世済民論を唱える者も出てきた。

「経世済民」とは「世を治めて民を救う」という意味で，略して「経済」。つまり，政治経済の改革論である。

✓ 荻生徂徠と武士土着論

古文辞学者の荻生徂徠（→ p. 109）は，『政談』の中で武士土着論を展開した。都市や経済の膨張を抑えるために，武士は城下町での消費生活をやめて知行地（つまり農村）に戻るべきだと主張した。

商品経済の発達により，武士は困窮しはじめていた。徂徠はこれを封建体制の危機と考えたのである。

菅野のマメ知識

徂徠は『政談』の中で，武士の生活が「旅宿の境界」，つまり「宿を渡り歩く旅人のような不安定な状態」にあると指摘した。城下町で消費生活を営んでいる以上，武士は商人の言いなりになって物品を買わざるを得なかったのだ。

✓ 太宰春台と経世論の発展

武士土着論を唱えた徂徠の考え方は，弟子の太宰春台によってさらに発展した。主著は『経済録』。彼は藩専売を説いたことでも有名である。

✓ 本多利明の開国貿易論

本多利明は『西域物語』や『経世秘策』の中で，開国貿易論を唱えた。「日本は島国なんだから，その地形的条件をうまく活かして積極的に海外と交易をして，国を経済的に豊かにすべきだ」という主張である。

✓ 佐藤信淵の海外計略論

佐藤信淵は『経済要録』の中で，産業を国営化して積極的に貿易を拡大すれば，全世界のトップに躍り出る国になれると主張し，海外計略論を唱えた。また，農政学にも通じていた。『農政本論』も押さえておこう。

✓ 海保青陵の重商主義—藩専売制

海保青陵は『稽古談』を書いた。彼は商人の利潤追求のあり方を正当化する一方，藩内の産業を振興させて，専売制をしいて利潤を追求すべきだと主張した。

✓ 安藤昌益の万人直耕論

八戸の医者安藤昌益は『自然真営道』を著し，万人直耕の自然世を理想として，封建的な身分制社会を批判した。なお，入試問題で「安藤昌益」を空欄にする場合は，直前に「八戸の医者」という枕詞がくることが多い。

✓ 大坂の町人学者

大坂の懐徳堂（→ p. 130）からは，2人の町人学者が現れる。無神論を唱えて『夢の代』を書いた山片蟠桃と，『出定後語』で仏教権威を批判した富永仲基である。

ともに徹底して合理的な思想で，さすがは大坂商人？

✓ 蝦夷地を押さえろ！ー工藤平助

工藤平助は仙台藩医。『赤蝦夷風説考』を著し，ロシアの接近を伝え，蝦夷地開発の必要性を説いた。これが田沼意次に献上され，最上徳内が蝦夷地を調査することになる。なお，「赤蝦夷」とはロシア人のこと。

✓ 林子平の海防論

林子平は『海国兵談』を書いて，海岸防備の必要性を説いた。これを海防論という。しかし，寛政の改革では「人心を惑わす」という理由で版木没収の処分を受けた。また，朝鮮・琉球・蝦夷地を図解した地理書『三国通覧図説』も発禁となった。

✓ 尊王論の弾圧

朱子学の大義名分論（→ p. 97）の影響もあり，やがて天皇を幕府よりも上位に置く尊王論がさかんになった。

1758 年，竹内式部が京都で公家に尊王論を説き，処罰された（＝宝暦事件）。1767 年には，江戸で兵学を講じ，『柳子新論』を著して尊王論を唱えた山県大弐が，幕政批判をしたために死刑となった（＝明和事件）。

✓ 水戸学の特徴

水戸藩では，江戸前期に『大日本史』の編纂がはじまった（→ p. 111）。そして，この修史事業を通じて，水戸学と呼ばれる独自の思想が芽生えた。

前期水戸学では，朱子学の大義名分論にもとづいた尊王論が中心だった。後期になると，藤田東湖や会沢安（正志斎）らが出て，尊王攘夷論を提唱し，幕末の動向に大きな影響を与えた。水戸学の拠点は次の 2 つ。

①彰考館（江戸）…『大日本史』の編纂所。
②弘道館（水戸）…藩校。徳川斉昭が 1841 年に設立。

江戸時代の教育事情

武士には武士の，町人には町人の，庶民には庶民の…。

✓ 藩校

それぞれの藩では，藩士の子弟教育を図るために藩校が整備された。以下，有名な藩校をざっと挙げておこう。

①明徳館（秋田藩）
②興譲館（米沢藩）…上杉治憲（はるのり）が復興
③日新館（会津藩）
④弘道館（水戸藩）…徳川斉昭が創設
⑤明倫館（萩藩）
⑥修猷館（しゅうゆう）（福岡藩）
⑦時習館（熊本藩）
⑧造士館（鹿児島藩）

✓ 郷学といえば…

庶民教育もほどこした郷学では，岡山藩の閑谷学校（しずたに）を押さえておけばいい。池田光政の創設である。

✓ 民間の私塾

　民間でも私塾がつくられるようになった。これまたたくさんあるが，他の項目で説明したものも含まれているので，臆する必要はない。**場所と関係者に注意しよう。**

> **よく問われる！**
> ①懐徳堂（大坂）…（次項参照）
> ②咸宜園（豊後日田）…広瀬淡窓が創設
> ③松下村塾（萩）…吉田松陰が教鞭をとる
>
> 蘭学塾
> ④芝蘭堂（江戸）…大槻玄沢が創設
> ⑤鳴滝塾（長崎）…シーボルトが創設
> ⑥適々斎塾（適塾）（大坂）…緒方洪庵が創設
>
> 儒学系（→ p. 108〜109）
> ⑦藤樹書院（近江）…中江藤樹が創設
> ⑧花畠教場（岡山）…熊沢蕃山が創設
> ⑨洗心洞（大坂）…大塩平八郎が創設
> ⑩古義堂（京都）…伊藤仁斎が創設
> ⑪蘐園塾（江戸）…荻生徂徠が創設

✓ 懐徳堂＝大坂町人の出資！

　大学入試でよく出るのが**懐徳堂**だ。懐徳堂は大坂町人の出資でつくられ，朱子学や陽明学を教えた塾だ。山片蟠桃や富永仲基といった町人学者を輩出した（→ p. 127）。

　「大坂町人の出資」と見たら，ただちに「懐徳堂」を思い出せ！

✓ 町人の学問－心学

仏教・道教・神道の説をおりまぜながら，町人道徳を
易しく説いた学問がある──**心学**だ。これを京都で確
立したのが**石田梅岩**。商売での利益追求を正当な行為と
見なすなど，「商人道」ともいえる考え方が特徴的であ
る。これが**石門心学**だ。その著書は『**都鄙問答**』。

梅岩の教えは**手島堵庵・中沢道二**らに受け継がれ，全
国に広められていった。

✓ 寺子屋に集まる子どもたち

一般庶民の初等教育機関に
は寺子屋があり，江戸時代後
期から急増した。漢字の問題
だが「寺小屋」ではないので
要注意だ。

寺子屋の様子
（04 追 4 ）

僧侶・神官・医師などが先
生となり，集まってきた子ど
もたち（＝寺子）に対して
「読み」「書き」「そろばん」などを教えた。

子どもたちは現在の小学生くらいの年齢で，男女共学
であった。女性の先生もいた。

✓ 古くからの教材

寺子屋では，テキストとしては『**庭訓往来**』のような
往来物などが，辞書としては『**節用集**』が用いられた。
ともに室町時代以来のものである（→ p. 79）。

民衆の生活・信仰

江戸を中心に都市文化が花開き，庶民の生活も変わってきた！

✓ 人々の楽しみ

　江戸などの都市部では，歌舞伎を上演する芝居小屋や，落語・講談を上演する寄席，見せ物興行のための見世物小屋がにぎわい，人々の娯楽の場となった。また，銭湯や髪結床も，庶民にとっては重要な社交場であった。

✓ 寺社への参詣

　江戸後期には，庶民の間で寺社参詣がさかんになった。代表例は，伊勢神宮・善光寺（信濃）・金毘羅宮（讃岐）。特に伊勢神宮への御蔭参りは周期的に流行し，1830年には500万人が参加したという。そのほとんどは主人に内緒の抜参りであった。

　また，四国八十八カ所（＝四国遍路）や西国三十三カ所などの霊場めぐりも流行した。これを巡礼という。

✓ 旅のお供に―観光案内書

　寺社参詣に加えて，湯治・物見遊山などもさかんになった。そうした旅行ブームにともなって，名所旧跡・神社仏閣などを案内した名所図会もさかんに刊行された。今でいう観光ガイドブックだ。『尾張名所図会』『摂津名所図会』などが有名である。

　また，旅芸人や行商人の往来によって，地方の村々にも江戸の都市情報が届くようになった。

✓ 庚申講
<ruby>庚申講<rt>こうしんこう</rt></ruby>

中世で「講」といえば，浄土真宗の信仰組織であった（→ p.83）。江戸時代では，同業者の組織から，信仰のための組織まで，幅広く「組織」を指す。

信仰組織としては，**富士講**や庚申講が有名だ。富士講は富士山を信仰・参拝する集まりのこと。庚申講とは，干支で「庚申」にあたる日の夜に集会し，眠らずにいるという民間信仰の集まりである。

✓ お祝いの日

まずは節句。季節ごとの祝い日である。人日（1月7日）・上巳（3月3日）・端午（5月5日）・七夕（7月7日）・重陽（9月9日）を「五節句」という。

春分の日・秋分の日の前後に行われる仏事が彼岸会，7月15日に祖先を供養するのが盂蘭盆会。現在の「お彼岸」と「お盆」だ。

✓ 境内に集まれ

「神仏に縁のある日」が縁日で，祭祀や供養が行われた。例えば，毎月21日は弘法，25日は天神の縁日だ。

寺社では**開帳**（秘仏の公開）・**富突**（富くじ）なども行われ，こうした収益は修繕費や経営費に回された。

✓ 今も昔もイベント好き？

人々は，やれ縁日だ庚申講だ，やれ日待だ月待だなどといっては集まって，親睦を深めた。それがまた大きな楽しみとなったのだ。端午・七夕などの節句や盂蘭盆会などもハレの日として娯楽化した。要するに，人々はイベントを楽しみにしていたのである。

✓ たすけたまえ―新しい宗教

時代の転換期，貧・病・争が人々を襲いはじめたとき，江戸後期から幕末期にかけて，新たな**神道系宗教**が誕生した。**創始者**と場所をセットで覚えよう。

①**天理教**（奈良県）…中山みき
②**金光教**（岡山県）…川手文治郎（赤沢文治）
③**黒住教**（岡山県）…黒住宗忠

なお，これらの宗派は明治政府によって公認され，**教派神道**と呼ばれた。

大学入試では天理教と金光教がよく狙われる。「黒住教を創始したのは？」――「黒住宗忠」。これだったら誰でも解ける。教派名と開祖名が違うものに注意しよう。

なお，幕末には東海地方から「**ええじゃないか**」と呼ばれる民衆の集団乱舞が起こっている。

＊　＊　＊　＊　＊

時代はもうすぐ明治。近代の足音がそこまで聞こえている。

第 5 章

近現代

modern and contemporary times

それほど遠い時代ではない。
できるだけ具体的なイメージをつかみたい。

明治文化

近代日本の夜明け

明治文化は，近代的国民文化として開花した。

✓ 文明開化

明治初期の近代化・西洋化の風潮を文明開化という。生活全般の面で急激に近代化が進んだ。

衣では洋服が登場した。着はじめたのは軍人・官吏・巡査・教師といった男性たちだ。こうもりがさやシルクハット，靴，背広の着用もはじまった。

食では牛鍋が流行した。牛肉はそれまでは薬用として珍重されていた。その牛肉を鍋にして，知識人や学生たちが肉をつつきながら文明開化を論じ合った。牛鍋のことを「安愚楽鍋」と呼んだ。パン・牛乳・アイスクリームもこの時期に登場した。

銀座通りには煉瓦造の洋館が並び，整備された街路樹の中，夜になるとガス灯がともった。1882年からは鉄道馬車が走りはじめ，それまでの乗合馬車が廃れていった。人力車も往来し，自転車に乗る人も現れた。

1871年の断髪令をきっかけに，断髪は文明開化を象徴するヘアースタイルとなった。「ざんぎり頭をたたいてみれば，文明開化の音がする」というわけだ。

✓ 旧暦と新暦

それまでの太陰太陽暦に代わって太陽暦が採用され，明治5年12月3日が明治6年1月1日となった。つまり，1873年から太陽暦である。なお，1日24時間制，1週7曜制も採用され，官庁では日曜日が休日となった。

しかし，農村などではそれまでの農事暦による生活パターンが続き，端午の節句とか七夕祭りなどの伝統行事も旧暦で継続された。

✓ 国民の祝日

太陽暦の採用とともに，紀元節（2月11日）・天長節（11月3日）などの祝祭日が定められた。天長節は明治天皇の誕生日にあたる。

西洋近代思想の導入

知識人たちは自由主義や個人主義に魅かれていった。

✓ 天賦人権思想って？

それまでの封建社会のあり方を大転換させた思想が天賦人権思想である。人間は生まれながらにして自由・平等で，幸福を求める権利をもっているという考え方だ。

江戸時代には，農村に生まれた人は，農村に生き，農村に死んでいくという人生が当たり前だった。しかし，天賦人権思想は，そうした価値観をひっくり返してしまうほど，強力かつ斬新な思想だったのである。そして，これが自由民権運動の理論的な支柱となった。

✓ 啓蒙思想家あらわる！

こうした新しい西洋的な考え方により，封建的な古い体制や考え方を打ち破ろうとした人々を啓蒙思想家という。まずは福沢諭吉と中村正直の著書を押さえよう。

◎福沢諭吉
　　『西洋事情』『学問のすゝめ』『文明論之概略』

◎中村正直
　　『西国立志編』『自由之理』（ともに翻訳書）

『西洋事情』を新井白石の『西洋紀聞』と間違わないように！

なお，少し時代は下がるが，中江兆民はフランスに留学後，ルソーの『社会契約論』の一部を漢語調に訳して『民約訳解』（1882年刊）を著した。これも重要である。そのため中江兆民は"東洋のルソー"なんて呼ばれた。

✓ 明六社—啓蒙思想のエリートたち

1873年には森有礼を中心に明六社が設立された。結成に参加した人物としては，福沢諭吉・中村正直・加藤弘之・西周・津田真道・西村茂樹までを押さえよう。会員には旧幕府の開成所（→ p. 125）の関係者が多い。

1873年，つまり明治6年だから「明六社」である。太陽暦が採用された年であり，新しい時代の予感がする。

明六社は講演や出版活動などを通して精力的に啓蒙活動を行った。その機関誌が『明六雑誌』である。『明六雑誌』は1874年から刊行されたが，政府による言論弾圧策をくらって1875年に廃刊に追い込まれた。

ジャーナリズムの発達

印刷技術の進歩により，新聞や雑誌が次々に創刊された！

✓ 創刊ラッシュ！

幕末期，本木昌造が鉛製活字を発明した。近代的な活字印刷術のはじまりである。

印刷技術の進歩により，新聞・雑誌が次々に創刊されはじめた。1870年には，最初の日刊紙として『横浜毎日新聞』が本木の鉛製活字を用いて刊行された。

✓ 大新聞と小新聞

新聞には2つのタイプがあった。政治評論中心の硬い内容をもつ大新聞と，娯楽中心の軟らかい内容をもつ小新聞である。小新聞はその名の通り，大新聞に対して小型の新聞だった。大新聞には『郵便報知新聞』，小新聞には『読売新聞』などがある。

✓ 政治とのかかわり

イギリス人ブラックが主宰した『日新真事誌』は，1874年に民撰議院設立の建白書を掲載したことで有名だ。自由民権運動の出発点である。

その後，自由民権運動が高まる中で，『自由新聞』は自由党の，『郵便報知新聞』は立憲改進党のそれぞれ機関紙となった。その一方で『東京日日新聞』には福地源一郎（のちに立憲帝政党を結成）が入社し，政府の御用新聞と見なされた。

✓ 福沢諭吉と『時事新報』

1882年，福沢諭吉は不偏不党の立場をとる『時事新報』を創刊し，1885年には「脱亜論」を発表した。日本は東アジアの秩序から脱出して，欧米とともに東アジア分割に乗り出すべきだという国権論の論説文である。

✓ 『万朝報』と日露戦争

黒岩涙香が主宰した新聞が『万朝報』だ。1900年に立憲政友会が結成されると，『万朝報』の記者であった幸徳秋水は「自由党を祭る文」を発表し，憲政党（自由党の後身）が伊藤博文らの藩閥勢力と妥協したことを痛烈に批判した。

しかし，日露戦争の開戦前になると，『万朝報』は当初の非戦論から主戦論に転換した。このため，幸徳秋水・堺利彦らは『万朝報』を退社して1903年に平民社をおこし，『平民新聞』を刊行して日露戦争反対を叫んだ。

✓ 雑誌もいろいろ

文芸誌では，俳句雑誌の『ホトトギス』，短歌雑誌の『アララギ』，詩歌雑誌の『明星』の3つを押さえる！

雑誌名	分野	主宰者
『ホトトギス』	俳句	正岡子規（のちに高浜虚子）
『アララギ』	短歌	伊藤左千夫（正岡子規の弟子）
『明星』	詩歌	与謝野鉄幹・晶子夫妻

宗教界では…

何といっても廃仏毀釈だ。キリスト教黙認の流れも重要。

✓ 相次ぐ寺院炎上

1868年の神仏分離令を機に，神仏習合が制度的に否定された。政府は1870年には大教宣布の詔を発布し，祭政一致の立場から神道国教化を図った。

その結果，仏教界では寺院や仏像，経典・仏具などが焼き払われるなどの大打撃を受けた。神官に転職する僧侶もたくさんいた。こうした仏教排斥の風潮を廃仏毀釈と呼んでいる。これはそれまで安穏と構えていた仏教界に大いなる反省と覚醒を促すきっかけにもなり，やがて浄土真宗の島地黙雷らによって復興運動が進められた。

✓ キリスト教はどうなった？

政府は旧幕府の禁教政策を継続し，五榜の掲示でキリスト教を禁止した。1868〜73年の長崎の浦上信徒弾圧事件はキリシタンに対する迫害であった。

キリスト教禁止の高札
（07本1）

しかしその後，1873年にはキリスト教禁止の高札が撤廃され，キリスト教は黙認されるようになった。列国からの抗議もあり，条約改正を進めていく上でキリスト教の禁止は不利と判断されたからである。

仏教界の再建運動，キリスト教の黙認などによって，神道国教化の動きは後退せざるを得なくなり，結果的に神道国教化政策は失敗した。

近代的な教育制度は…

学制➡教育令➡学校令という順で整えられた。

✓ 学 制

　教育の近代化も図られた。1871年に文部省が設置さ
れ，翌1872年には**学制**が頒布された。**実学**を重視し，
国民皆学を理念として，「学問によって個人が身を立て
る」という啓蒙主義的な教育観が掲げられていた。

　学制では，フランスの制度にならい，全国を8大学区
に分け，さらに1大学区を32中学区に，1中学区を
210小学区に分けようとした。しかし，この構想はあま
りにも**画一的**で，地方の実情を無視したものであったた
め，完全には実現されなかった。また，教育にかかる費
用は住民の負担であったため，学制反対一揆が起こる地
域もあった。

✓ 教育令

　1879年には**教育令**が公布された。これはアメリカの
制度にならい，**自由主義的**な性格をもっていた。学制の
画一的な学区制を撤廃し，就学義務を大幅に緩和して，
学校運営を地域の自主性にゆだねようとした。

　しかし，翌1880年には早くも改正され（**改正教育令**），
教育行政は再び中央集権化の方向を向いてしまう。その
背景には，高まる**自由民権運動**に対する警戒と抑制があ
った。自由主義を放任した結果，自由民権運動が高揚し，
政府もそれを抑えなければならなくなったからだ。

✓ 学校令

そして 1886 年，初代文部大臣森有礼のときに，帝国大学令・師範学校令・中学校令・小学校令が出された。これらをまとめて学校令と呼んでいる。

こうして体系的な学校制度が整備され，国家主義的な教育体制がますます強化されていくことになる。

✓ 教育勅語

1890 年，教育勅語が発布された。第 1 次山県有朋内閣のときだ。起草したのは元田永孚と井上毅。儒教的道徳思想によりながら，忠君愛国を実践できる人間を理想とするものだった。教育勅語は各学校に配られて，学校行事などの際に朗々と読み上げられた。以後，これが戦前・戦中の日本の教育界を支えるバックボーンとなる。

✓ キリスト教との衝突

教育勅語が発布された翌 1891 年，教育勅語への最敬礼を拒んだとして，第一高等中学校の嘱託教員であった「あの人」が世の非難を受け，教壇を去っていった。内村鑑三である。世にいう内村鑑三不敬事件。

✓ 明治時代の教育行政のポイント！

①学　制（1872 年）…フランスにならう
②教育令（1879 年）…アメリカにならう
　➡翌年に改正し，中央集権化を強調
③学校令（1886 年）
④教育勅語（1890 年）　｝ 国家主義的傾向を強める

なお，学制（1872 年）・教育令（1879 年）・学校令（1886 年）が 7 年刻みになっていることも知っておこう。

✓ 義務教育と就学率

学校制度の発足当初（1873年）の**就学率**は平均30％程度で，男子が40％弱，女子が20％弱であり，女子の就学率は男子に比べてかなり低かった。

1886年，**学校令**によって**義務教育**は4年となった。さらに1907年には小学校令が改正され，義務教育も6年に延長された。1910（明治43）年には小学校の就学率が98％に達した。「国民皆学」という当初の目標は，明治時代の終わりになってようやく達成されたのである。

✓ 教科書の採択

教科書ははじめは自由採択だったが，1886年には**検定教科書制度**がはじまり，文部省の検査に合格した教科書を使用するようになった。しかし，1902年には教科書の採択をめぐる贈収賄事件が発覚し，これをきっかけに小学校では1903年に国定教科書制度がはじまった。

✓ 様々な学校

教員養成のために，1872年に**師範学校**が，1875年には**東京女子師範学校**が設立された。1877年には**東京大学**も設立されている。なお，東京女子師範学校は，現在のお茶の水女子大学だ。

私学では，福沢諭吉の**慶應義塾**，新島 襄の**同志社**，大隈重信の**東京専門学校**（のちの早稲田大学）などが設立され，それぞれ特色ある学風のもとに発展していった。

女子のための教育機関には，**女子英学塾**や**日本女子大学校**などがあった。女子英学塾を設立したのは津田梅子。現在の津田塾大学である。女子の場合，その多くは「良妻賢母」を目指す教育だった。

国家主義の台頭

欧化主義への反発から国家主義が芽生えはじめた。

✓ 国権論と国家主義

西洋思想の流入と欧化主義はまもなく壁に直面した。政府の極端な欧化政策への反発もあり，1880年代には朝鮮半島への積極介入を唱える国権論が高まっていった。

こうした傾向は日清戦争の勝利によってさらに強まり，対外膨張を目指す国家主義は思想界の主流となった。

✓ 人物・主義・組織・機関誌（紙）をセットで！

人物	主義	組織	機関誌（紙）
徳富蘇峰	平民主義	民友社	『国民之友』
三宅雪嶺	国粋主義	政教社	『日本人』
陸羯南	国民主義		『日本』
高山樗牛	日本主義		『太陽』

✓ 徳富蘇峰—平民主義

1887年に民友社をおこした**徳富蘇峰**は，雑誌『国民之友』を刊行して**平民主義**を唱え，貴族的欧化主義を否定して平民的欧化主義をとるべきだと主張した。しかし，日清戦争を機に**国家主義**へと転向した。

幸徳秋水・堺利彦らが結成した平民社や，その機関紙『平民新聞』と混同しないように！

✓ 三宅雪嶺—国粋主義

1888年には**三宅雪嶺・志賀重昂**らが政教社をおこして雑誌『**日本人**』を刊行し，政府の欧化主義を批判して，伝統的な日本文化の中に真・善・美を追求すべきとして**国粋主義（国粋保存主義）**を唱えた。

✓ 国民主義と日本主義

陸羯南は1889年に新聞『**日本**』を創刊して国家の独立を唱えて**国民主義**を提唱した。

高山樗牛は1895年に雑誌『**太陽**』を主宰し，**日本主義**を唱え，日本の大陸進出を肯定した。

学問・研究では…

お雇い外国人の指導により，画期的な成果を生み出した！

✓ 自然科学分野①（医学・薬学）

分野	人　物	業　　績
医学	北里柴三郎	ペスト菌を発見
	志賀潔	赤痢菌を発見
薬学	高峰譲吉	アドレナリンを創製（強心薬） タカジアスターゼを創製（消化薬）
	鈴木梅太郎	オリザニンを創製（脚気予防）

発見した菌や創製物を混同しないように注意すること。なお，北里柴三郎は**伝染病研究所**の初代所長となり，のちには北里研究所を設立した。まだまだ続く！

✓ 自然科学分野②
（物理学・地震学・天文学・植物学）

分野	人　物	業　　績
物理学	長岡半太郎	原子構造の研究
	田中館愛橘	地磁気の測定
地震学	大森房吉	地震計の発明
天文学	木村栄	緯度変化の公式にＺ項を発見
植物学	牧野富太郎	植物の分類

学者と業績をセットで覚える。気合が必要だ。

✓ 歴史学

田口卯吉は，ギゾー（フランス）らの影響を受け，独自の文明史論として『日本開化小史』を書いた。

久米邦武は岩倉使節団に随行した史学者で，その記録として『米欧回覧実記』を著した。のちに論文「神道は祭天の古俗」が批判され，帝国大学教授を辞職している。

✓ 自由主義から国家主義へ

経済学や法学，哲学などの分野では，はじめはイギリス・フランスなどの自由主義的な考え方がもてはやされたが，しだいにドイツ流の国家主義的な考え方が重視されるようになった。これは教育や思想における流れと同じである。時代の雰囲気をつかむ手がかりにしよう。

外国人の活躍

お雇い外国人などの外国人については，その業績も押さえる！

✓ 自然科学分野

分野	人名	国	業　　績
医学	ベルツ	ドイツ	『ベルツの日記』 （明治時代の好史料）
地震学	ミルン	イギリス	工部大学校教授 日本地震学会創立に尽力
地質学	ナウマン	ドイツ	東大教授 フォッサ=マグナを指摘
動物学	モース	アメリカ	東大教授，進化論を紹介 大森貝塚を発見

なお，ナウマンゾウの名はナウマンに由来している。

✓ キリスト教関係者

人名	国	業　　績
ヘボン	アメリカ	宣教師 ヘボン式ローマ字を考案
フルベッキ	オランダ	宣教師（アメリカから来日） 政府顧問（翻訳など）
クラーク	アメリカ	教育家 札幌農学校教頭
ジェーンズ	アメリカ	軍人 熊本洋学校教師

なお，札幌農学校では内村鑑三や新渡戸稲造が，熊本洋学校では海老名弾正や徳富蘇峰が学んだ。

✓ 美術・建築分野

人　名	国	業　　　績
フォンタネージ	イタリア	西洋画 工部美術学校で教えた
ラグーザ	イタリア	西洋彫刻 工部美術学校で教えた
フェノロサ	アメリカ	東大教授（哲学） 日本美術を海外に紹介
コンドル	イギリス	建築家 鹿鳴館やニコライ堂を設計

ラグーザは彫刻家。「グザグザに刻んだ」と覚えよう。

✓ 外国人の見た日本

時事問題や風俗を風刺画に描いたビゴーも有名。彼はフランスの新聞記者である。

ビゴーの風刺画（92本5）

左からロシア・日本・イギリス・アメリカ。日本がロシアと戦争することを，イギリス・アメリカが後押ししている。

明治文化　149

明治文学の流れ

戯作文学➡政治小説➡写実主義➡ロマン主義➡自然主義！

✓ 文壇の推移

戯作文学 明治初期（文明開化期）

↓

政治小説 1880年代（自由民権運動との関わり）

↓

写実主義 1880年代半ば

↓

ロマン主義 1890年代（日清戦争前後）

↓

自然主義 1900年代（日露戦争前後）

✓ 明治文学のポイント

　共通テストのレベルでは，作家と作品は代表的なものにとどめ，文壇の主流がどのように推移したかを押さえよう。

　単に順番を覚えるのではなく，当時の社会の様子と結びつけて理解することがポイントだ。文学作品に社会の状況が反映されるのは，今も昔も変わらない。

✓ 戯作文学

　江戸時代に流行した洒落本・人情本・滑稽本などを総称して戯作文学と呼ぶが，これらは明治時代になっても流行した。仮名垣魯文の『安愚楽鍋』が有名である。安愚楽鍋——牛鍋のことだ。

✓ 政治小説

自由民権運動がさかんになると，1880 年代には政治思想の宣伝を目的とした**政治小説**が流行した。矢野竜溪の『**経国美談**』，東海散士の『**佳人之奇遇**』が有名だ。

✓ 写実主義

1880 年代半ばになると，**写実主義文学**が台頭した。写実主義とは，偽善的・人為的な演出を排除して，あるがままに人情や世相を書くというスタンスをいう。

まず，坪内逍遥は写実主義の立場から，文芸論として『**小説神髄**』，小説として『**当世書生気質**』を書いた。『小説神髄』といっても，これは小説ではないので注意！

坪内逍遥とすごく仲がよかった二葉亭四迷は，**言文一致体**文学の最初の作品として『**浮雲**』を発表した。『浮雲』は最初の近代小説である。

1885 年には尾崎紅葉・山田美妙らが**硯友社**を結成し，機関誌として『**我楽多文庫**』を創刊した。硯友社は写実主義文学の拠点となった近代日本最初の文学結社である。

✓ 紅露時代

尾崎紅葉と並び称されたのが幸田露伴。この 2 人で「**紅露時代**」と呼ばれる時代を築いた。幸田露伴の代表作は『**五重塔**』で，その作風は**理想主義**と呼ばれる。

✓ ロマン主義

1890 年代，日清戦争のころに文壇の中心となったのは**ロマン主義文学**だ。ロマン主義は 18 世紀末から 19 世紀にかけてヨーロッパ全土に行き渡った風潮で，自由な感情表現に重点を置き，恋愛や空想などを積極的に肯定

する自我至上主義の考え方だ。日本では北村透谷が『文学界』を創刊し，ロマン主義文学の拠点とした。

ロマン主義の作家では『舞姫』を発表した森鷗外，『にごりえ』『たけくらべ』の樋口一葉，詩集『若菜集』を刊行した島崎藤村らがいる。

与謝野鉄幹・晶子夫妻の詩歌雑誌『明星』もロマン主義。与謝野晶子は「君死にたまふことなかれ」で有名だ。日露戦争に際して『明星』に発表された反戦詩である。

✓ 自然主義と反自然主義

1900年代になると，日露戦争のころに自然主義文学が台頭してきた。フランスやロシアの自然主義文学の影響を受け，人間の本能や社会の現実をありのままに書こうとした文学である。ロマン主義よりも一歩踏み込んで，人間の暗部まで追求したという点が特徴的だ。

作品では，島崎藤村の『破戒』，田山花袋の『蒲団』が代表的だ。ロマン主義の影響を受けて『武蔵野』でデビューした国木田独歩も晩年は自然主義に傾いた。

その自然主義に反発したのが夏目漱石だ。反自然主義作家といってもいい。『吾輩は猫である』『こころ』『坊っちゃん』など，有名な作品がたくさんある。

✓ 島崎藤村―詩人として・作家として

▶ ロマン主義詩人から出発し，自然主義作家となった。
▶ 『若菜集』はロマン主義，『破戒』は自然主義。

島崎藤村については，安易に「○○主義」と分類するわけにはいかない。作品名で区別する必要がある。

美術の世界では…

西洋の様式も取り入れられたが，日本の伝統も見直された。

✓ 近代絵画の流れ

政府ははじめ西洋画教育の必要を認め，1876年に工部美術学校を開き，外国人教師を招いた。ここで教えたのがフォンタネージやラグーザ（→ p. 149）である。

しかし，1880年代には美術界でも伝統回帰の気運が生まれて日本画がさかんになり，西洋画は一時的に衰退した。ただし，1890年代には西洋画も活気を取り戻す。

✓ 西洋画と日本画の対比を押さえよう

	西洋画	日本画
1870年代	西洋画勃興期 工部美術学校設立(1876)	フェノロサ来日(1878)
1880年代	（一時衰退）	伝統美術の再評価 東京美術学校設立(1887)
1890年代	再びさかんに 明治美術会結成(1889) 白馬会結成(1896)	発展 日本美術院設立(1898)
1900年代	アカデミズムの形成 文部省美術展覧会開設(1907)	

これが明治時代の絵画界の大まかな流れである。それでは，西洋画と日本画に分けて整理しよう。

✓ 西洋画―初期

西洋画では，はじめ高橋由一が活躍した。近代洋画の開拓者として知られ，作品としては『鮭』が有名だ。

✓ 洋画団体の結成

その後，西洋画は一時的な衰退を経験したが，やがて『収穫』を描いた浅井忠の明治美術会や，『湖畔』『読書』を描いた黒田清輝の白馬会といった西洋画団体が結成されるようになると，しだいに勢いを取り戻していく。

団 体	特 徴
明治美術会	日本最初の洋画団体 **浅井忠**らが創立（1889 年） 暗い色調→脂派
白馬会	**黒田清輝**らが創立（1896 年） 明るい色調→外光派

✓ 白馬会—外光派

白馬会の画風はフランス印象派の明るい色彩を取り入れたのが特徴で，「**外光派**」とも呼ばれた。白馬会では黒田清輝のほか，『海の幸』の青木繁も有名だ。

✓ 西洋画の作品

高橋由一『鮭』

黒田清輝『湖畔』
（05 追 5）

青木繁『海の幸』

✓ 日本画の巻き返し

1880 年代，思想界と同様に，美術界でも**国家主義的傾向**が強まっていった。

欧化主義への反発も強くなり，工部美術学校が廃止され，西洋画を除外した**東京美術学校**が設立された。設立したのは岡倉天心やフェノロサたち。岡倉天心は東京美術学校の校長となった。彼は東洋文化がいかに素晴らしいかを力説し，のちには**日本美術院**も設立した。

日本画の代表的な作品としては，狩野芳崖の『**悲母観音**』，橋本雅邦の『**竜虎図**』，菱田春草の『**落葉**』『**黒き猫**』がある。

悲母観音

✓ 彫刻作品は2つ！

彫刻では，『**老猿**』を刻んだ**高村光雲**，『**女**』を制作した**荻原守衛**を押さえておこう。高村光雲は伝統的な**木彫**，荻原守衛はブロンズ像など西洋的な**彫塑**が特徴である。

老猿

✓ 西洋風の建築

はじめのころは，第一国立銀行や開智学校などが建て
られた。これらは一見すると西洋風だが，日本の伝統的
な技術で建てられており，「擬洋風建築」とも呼ばれて
いる。

第一国立銀行（06 本 1 ）

✓ 代表的な建築家は３人！

本格的・近代的な西洋建築をもたらしたのは，お雇い
外国人のところで触れたコンドル（イギリス人）だ。鹿
鳴館やニコライ堂の設計にたずさわった。

コンドルは工部大学校で教え，建築家の育成にも力を
入れた。重要な教え子が２人いる。辰野金吾は日本銀行
本店，片山東熊は赤坂離宮などを手がけた。

✓ 音楽界の夜明け

音楽教育では 1887 年に東京音楽学校が設立され，伊
沢修二が初代校長となった。彼はそれまでの民謡や三味
線音楽を排除して，洋風歌謡を採用して唱歌教育をはじ
めた人物でもある。作曲家では『花』『荒城の月』で知
られる滝廉太郎がいる。

庶民の娯楽

演劇の発展順：歌舞伎➡壮士芝居➡新派劇➡新劇！

✓ 歌舞伎の近代化

歌舞伎は明治時代になっても民衆に親しまれた。幕末期から白浪物（盗賊を主人公とした作品）などで活躍していた河竹黙阿弥（→ p. 117）が文明開化の風俗をとりいれた散切物の作品を発表した。河竹黙阿弥といったらなんといってもお得意分野だった「白浪物」の3文字ははずせない。だから彼は「白浪作者」とも呼ばれた。

やがて坪内逍遙らの演劇改良運動によって歌舞伎でも近代化が進み，明治中期になると「団・菊・左時代」と呼ばれる黄金期を迎えた。市川団十郎（9代目），尾上菊五郎（5代目），市川左団次（初代）から一文字ずつをとった呼び方だ。

✓ 壮士芝居と新派劇

壮士芝居とは，自由民権思想を宣伝するために民権派の壮士らが演じた素人芝居である。川上音二郎はオッペケペー節で名をあげた。これが演歌のルーツだ。

また，明治中期には，壮士芝居の流れから新派劇がおこり，流行の小説などを題材にして人気を得た。古い歌舞伎に対して「新しい派の劇」という意味である。

✓ 新劇―西洋的な近代演劇

歌舞伎や新派劇に対し，明治中期以降におこった西洋的な近代演劇を新劇という。新派劇と混同しないこと。1906年には坪内逍遙・島村抱月が文芸協会を設立し，

旧石器・縄文・弥生

古墳

飛鳥・奈良

平安

鎌倉

室町

江戸

明治

昭和

イプセンの『人形の家』やシェークスピアの『ハムレット』などの翻訳劇を上演した。『人形の家』でノラ役を演じた**松井須磨子**は当時の一大人気女優だった。

1909年には**小山内 薫**と市川左団次（2代目）が自由劇場を結成し，イプセンの翻訳劇などを上演した。ただし，自由劇場は組織名であり，「自由劇場」という名の建物が実在したわけではない。

✓ 映画のはじまり

映画は日清戦争後に輸入された。当時は活動写真と呼ばれ，**無声映画**で活動弁士が解説した。トーキーと呼ばれる有声映画が登場するのは昭和初期である。

なお，蓄音器とレコードも明治時代に輸入され，国産化された。しかし，これが普及するのは大正時代である。

大正文化

大正デモクラシーの時代
明治憲法の枠内で，政治の民主化を目指した！

✓ 2つの理論的支柱

大正デモクラシーというのは，大日本帝国憲法の枠内で民主的な方向に切り崩そうとする思潮のことである。これを支えた理論的支柱は2つ。基本中の基本だ。

> 吉野作造（さくぞう）＝民本主義（みんぽん）
> 美濃部達吉（みのべたつきち）＝天皇機関説

✓ 吉野作造（さくぞう）の民本主義（みんぽん）

民本主義というのは，「国家の主権は民衆本位に運用されなければならない」という考え方だ。主権の所在そのものは問題にしていない。「天皇主権」の明治憲法の枠内で民主的な展開を目指したのである。

吉野作造は1916年にこの考え方を論文にまとめて『中央公論』に発表した。それが「憲政の本義を説いて其有終（そのゆうしゅう）の美を済（な）すの途（みち）を論ず」という長〜い題名の論文だ。吉野は民本主義を唱えて，政党政治の実現と普通選挙の実施を当面の目標と考えた。

吉野は東大教授。その影響を受けた学生たちは新人会を組織した。また，吉野自身は黎明会（れいめいかい）を結成している。

✓ 美濃部達吉の天皇機関説

天皇機関説は国家法人説ともいう。「統治権の主体は法人としての国家にあり，天皇は最高機関としてそれを行使するものである」という考え方だ。

明治憲法は天皇主権を定めているから，上杉慎吉らの天皇主権説の論者と対立した。美濃部達吉については著書『憲法撮要』も覚えておこう。

なお，のちに美濃部は天皇機関説問題により貴族院議員を辞職している。ただし，これは1935年で，岡田啓介内閣のときである。天皇機関説は大正時代には広く受け入れられており，政党政治を理論的に支えていた。結局，天皇機関説は，1935年に岡田内閣が出した国体明徴声明によって否定され，美濃部の著書も発禁となった。

✓ 大正文化の光と闇

この大正デモクラシーの風潮が高まる中で，労働運動・婦人運動・学生運動など，いろいろな民衆運動が起こりはじめた。平塚らいてうは女性だけの文芸団体として青鞜社を設立し，雑誌『青鞜』を創刊している。創刊号の序文の「元始，女性は実に太陽であった」という一節はあまりにも有名である。

しかし，大正デモクラシーの力では，政党間の足の引っ張り合いや，昭和にかけての経済恐慌の連続といった政治・経済の矛盾を克服しきれず，日本はゆっくりと，しかし着実に，ファシズムの世界に傾きはじめていく。

したがって，大正文化には，近代化・都市化という躍進的な光の部分と，迫り来るファシズムの足音に対する不安が同居していたといってもいい。大正後期になるにつれ，その時代精神は哀調を帯びたものになる。

大正文化＝大衆文化

都市に現れたサラリーマンや労働者が文化の担い手となった。

✓ 大正時代の世相

大正時代には，衣食住全般にわたり，生活様式が急速に近代化した。といっても，これは都市部での話で，地方との文化的格差は強く残ったままだった。

✓ モダンで行こう！

ファッションでは，モボ・モガのようにアメリカナイズされた洋服で銀座通りを闊歩する若者も増えた。

「モボ」は「モダンボーイ」の，「モガ」は「モダンガール」の略である。

なお，少し意外だが，まず先に洋服を着用しはじめたのは男

銀座通りのモガ
（05A 本 5 ）

性たちである（→ p. 136）。最初から女性のオシャレとして広まったわけではなかったのだ。

✓ 大正グルメ

食文化では，トンカツやカレーライス，オムレツ，コロッケなどの洋食が好まれるようになった。チョコレート，キャラメルが登場したのも大正時代なのだ。

食に関しては，大正時代から普及しはじめたメニューと，明治時代から食されていたメニューを区別して覚えておくことが大切だ。

✓ あの家に住みたい

この時代になると，それまでの石油ランプに代わって，一般家庭にも電灯が普及するようになった。

都市部では鉄筋コンクリートの**ビル建設**が進む一方，郊外には赤い瓦の屋根で洋風の応接間やガラス戸をもつ和洋折衷の瀟洒（しょうしゃ）な文化住宅がつくられはじめ，人々にとっては文化住宅に住むことが一つの夢となった。

✓ はたらく人々

都心に通勤する事務系の労働者は**俸給（ほうきゅう）生活者**と呼ばれた。今でいうサラリーマンである。通勤手段は郊外電車とバス。バスは当時，乗合（のりあい）自動車と呼ばれた。

女性も事務員・電話交換手・バスガール・教師・タイピストなどの職種に進出し，職業婦人と呼ばれた。

娯楽の発達

都市化と大衆化が急速に進み，人々の娯楽も充実してきた。

✓ レジャー

百貨店で買い物を楽しむことも多くなり，「今日は三越，明日は帝劇」といったキャッチコピーがそれに拍車をかけた。「帝劇」とは帝国劇場のことである。休日の銀座・浅草などは多くの人々でごったがえした。

「円タク」といって，東京市内だったらどこまで乗っても1円というタクシーも登場した。

✓ マスメディアの発達

マスメディアもいきおい発達し，『大阪朝日新聞』『大

阪毎日新聞』は 100 万部の大台を突破した。**大衆雑誌**
『キング』も 100 万部を超えた。

　小型の**文庫本**が登場し，昭和初期には岩波文庫も創刊
された。また，**改造社**が発行した 1 冊 1 円の廉価本『現
代日本文学全集』は「円本」と呼ばれて売り上げを伸ば
し，円本時代が到来した。

　週刊誌も登場した。1922 年発売の『サンデー毎日』
と『週刊朝日』がその草分けとなった。

　論説のほか小説などの軽い読み物も掲載する**総合雑誌**
も急速に発展した。なかでも『改造』や『中央公論』は
大正デモクラシーの論壇の中心となった。

　児童文学では，鈴木三重吉が雑誌『赤い鳥』を創刊し
たことを知っていればいい。

✓ 放送文化

　1925 年，ラジオ放送が始まった。**日本放送協会**
（NHK）ができたのがその翌年，1926 年である。

　人気番組は，ラジオ劇やスポーツの実況中継。現在の
夏の甲子園（全国高校野球選手権大会），当時は**全国中
等学校優勝野球大会**といったが，ラジオから流れてくる
試合中継に人々は聞き入った。満州事変後の 1930 年代
前半には，受信契約者の数が 100 万人を突破した。

　「100 万」という数値がここまでで 3 回出てきたのに
気づいたかな？　大事なデータだぞ。

✓ 映画とスター

　当時はまだ**無声映画**の時代で，**活動写真**と呼ばれた。
日活や松竹といった映画会社が独自の作品制作に乗り出
した。尾上松之助・阪東妻三郎らは歌舞伎界から転じて

大スターとして活躍した。また，昭和初期には，有声映画，つまりトーキーもはじまっている。

✓ 演劇の発展

1913 年には松井須磨子・島村抱月（→ p.157, 158）による芸術座がスタートした。また，1924 年には小山内薫・土方与志によって築地小劇場が開かれた。

築地小劇場は劇団名であると同時に建物名でもあり，別名「演劇の実験室」とも呼ばれた。

✓ 癒しを求めて

東京は浅草六区。そのエリアにあった常盤座は熱狂的なオペラファンでにぎわった。これが浅草オペラである。「エロ・グロ・ナンセンス」の風潮も高まり，榎本健一（エノケン）・古川緑波（ロッパ）といった喜劇役者も民衆の心をつかんだ。

音楽では，ソプラノ歌手の三浦環が『蝶々夫人』で世界的に名をあげた。『この道』『からたちの花』などを作曲した山田耕筰は，日本で最初にオーケストラを指揮した人でもある。

流行歌にも名作曲家が出た。まず，松井須磨子が劇中で歌った『カチューシャの唄』を作曲した中山晋平。昭和初期には『影を慕いて』『酒は泪か溜息か』の古賀政男も登場する。

ギターを伴奏とした「古賀メロディー」の哀調の深さは，暗雲立ちこめた当時の日本の状況をその調べに乗せたような感さえある。

学問・研究の分野

マルクス主義が広まったことが大正時代の大きな特徴だ。

旧石器・縄文・弥生

✓ マルクス主義が広まった

マルクスの『資本論』が紹介され，『貧乏物語』の河
上 肇は，のちにマルクス主義経済学の権威となった。

『日本資本主義発達史講座』を刊行した野呂栄太郎や
羽仁五郎らは講座派と呼ばれ，その考え方は日本共産党
の指導理論となった。

一方，共産党から離れた学者集団は労農派と呼ばれ，
明治維新や日本の近代資本主義の確立をどのようにとら
えるかなどをめぐって講座派と対立した。

なお，人民戦線事件（→ p. 172）で検挙された学者た
ちが労農派であったことも頭に入れておこう。

✓ 哲 学

哲学では西田幾多郎が『善の研究』を著し，「絶対矛
盾的自己同一」「純粋経験」などの独自の難解な用語を
駆使しながら「西田哲学」を築き，「日本の哲学の指導
者」「独創的な哲学者」などと呼ばれた。それまではヨ
ーロッパ哲学の紹介でしかなかったが，西田によっては
じめて日本独自の近代哲学が生まれたのだ。ちなみに京
都市左京区にある「哲学の道」は，西田幾多郎らが思索
にふけりながら歩いた道ということが命名の由来という。

✓ 民俗学

民俗学者には柳 田国男がいる。岩手県の遠野に伝わ

古墳

飛鳥・奈良

平安

鎌倉

室町

江戸

大正

る民話をまとめて『遠野物語』を書いた人だ。

彼は，民間伝承を知っている人々や伝統的慣習などを維持している人々を「常民」と呼んで，知識人に対する庶民階層として設定し，日本民俗学の確立に貢献した。

✓ 様々な研究

本多光太郎は KS 磁石鋼を開発したし，野口英世は黄熱病を研究した。

理化学研究所・鉄鋼研究所・航空研究所・地震研究所など，それぞれの分野を専門的に研究するための機関が相次いで設置されたのも大正時代である。

教育面では…

市民の生活水準が向上し，都市を中心に教育熱が高まった。

✓ 増大する知識人層

1918 年，原 敬 内閣のときに高等学校令や大学令が発布された。大学令によって，帝国大学以外に公立大学・私立大学・単科大学の設置が進み，大学制度が大幅に拡充され，知識人層の増加を助けた。

✓ 大正時代の教育運動

自由教育運動や綴 方教育運動も進んだ。自由教育運動とは，児童中心の立場で教育を進めようとする運動だ。自由学園や成城小学校などが自由教育運動のシンボルとなった。また，綴方教育というのは，作文を書かせることで自発性や個性を伸ばそうという教育方針のことだ。

大正期の文学界

大正前期の文壇では，まずは耽美派と白樺派が中心となった。

✓ 耽美派－官能的…！

耽美派は，自然主義への反動として，人間としての官能的な美を追求した。享楽的・退廃的な芸術至上主義といってもいい。機関誌は『スバル』。

耽美派の作家には『腕くらべ』の永井荷風と，『痴人の愛』『細雪』の谷崎潤一郎らがいる。

✓ 白樺派－人道的！

それに対して白樺派の特徴は，やはり自然主義への反動だが，人道主義・個人主義を追求したことにある。特に「人道主義」という言葉は，白樺派を飾るキーワードになる。1910年創刊の同人雑誌『白樺』を拠点とした。『暗夜行路』の志賀直哉，『或る女』の有島武郎，宮崎県に理想郷として「新しき村」を造成した武者小路実篤の3人を覚えておこう。

✓ 新思潮派－東大系

大正中期になると新思潮派が登場する。『羅生門』『鼻』の芥川龍之介，『恩讐の彼方に』の菊池寛の2人を押さえればいい。理知的な文章構成が特徴的だ。

✓ 新感覚派－感覚表現を重視

次に登場したのが新感覚。日常的な自然主義的リアリズムに反発し，その名の通り感覚的な表現を重視した。

作家では，『日輪』『機械』の横光利一と『雪国』『伊豆の踊子』の川端康成の 2 名をキープ。

✓ プロレタリア文学

社会主義運動や労働運動がさかんになったこともあり，大正末期から昭和初期にかけて**プロレタリア文学**が登場した。その先駆けとなったのが 1921 年に創刊された『種蒔く人』という雑誌だ。

作家と作品としては，以下の 3 つを押さえておこう。

①小林多喜二『蟹工船』
②徳永 直『太陽のない街』 } プロレタリア文学
③葉山嘉樹『海に生くる人々』   の御三家！

しかし，やがてファシズムの中で，多くの作家が**転向**（→ p. 171）を迫られていくことになる。「転向」とは，社会主義や共産主義思想を捨て，国家主義思想に考え方を変えることである。イズムの転換——そう簡単なことではない。

✓ 大衆文学

新聞や『キング』などの大衆雑誌に連載された**大衆文学**も人気を呼んだ。中里介山の『大菩薩峠』，吉川英治の『宮本武蔵』などが有名である。『南国太平記』の直木三十五は大衆文学の発展に大きく貢献し，その死後には文学賞が設定された。現在も続く直木賞である。

なお，「大衆文学」といえば当初は時代小説を指したが，しだいに恋愛小説や探偵小説などの通俗的なものも多くなった。

絵画と彫刻

官立の文展が行われたが，それに**対抗する勢力**も形成された。

✓ 美術界の登竜門

明治時代の終わりごろ，政府は文部省美術展覧会（文展）を開設し，日本画・洋画・彫刻の三部門で構成され，それぞれに共通の発表の場ができた。文展はやがて帝国美術院展覧会（帝展）に引き継がれる。

✓ 西洋画

西洋画では，岸田 劉 生の『麗子微笑』が特に有名。娘麗子を描いた一連の作品の代表作である。他には梅原 龍 三郎の『紫禁城』，安井曽太郎の『金蓉』などがある。

麗子微笑

洋画団体としては，文展に対抗して在野につくられた二科会をチェックしておこう。梅原・安井は二科会員であった。

✓ 日本画

日本画は，明治の終わりごろに衰退したが，大正時代には横山大観や下村観山によって日本美術院（→ p. 153, 155）が再興され，展覧会も開かれた。「日本美術院展覧会」だから，院展という。院展も文展に対抗したものである。

作品としては，横山大観の『生々流転』などが有名だ。

✓ 彫刻分野

彫刻分野では，『墓守（はかもり）』を刻んだ朝倉文夫（ふみお）が有名。また，詩人としても著名な高村光太郎は，ロダンの影響を受け，『手』などの作品を残した。高村光太郎は明治期の高村光雲（→ p. 155）の息子である。

✓ 民芸運動

それぞれの地域に伝わる民芸品の研究に努めた人がいる。柳宗悦である。「やなぎむねよし」と読む。

一般の民衆が日常生活で使う食器や工芸品などの民芸品を尊重し，そこに「無事の美」を見出した人で，民芸運動の先駆者でもあった。

昭和戦前・戦中の文化

昭和初期には…

大正時代とは対照的に，暗い雰囲気が日本全体を包んだ。

✓ 暗澹たる世相

昭和ファシズムが徐々に浸透し，やがて戦争に突き進んでいく時代である。国民生活にもかげりが見えはじめ，抑圧された空気が世相を覆った。

また，大正から昭和のはじめは「恐慌の時代」でもあり，不景気にも悩まされた。1929 年には就職難から「大学は出たけれど」という言葉が流行した。

人々はラジオから流れてくる流行歌に耳を傾け，古賀メロディー（→ p. 164）に癒しを求めた。

✓ 「転向の時代」

1931 年に満州事変がはじまると，国内でもナショナリズムが高揚し，社会主義や共産主義から国家主義的な立場への転向という現象が見られるようになる。

1933 年，共産党の幹部が国家社会主義への転向声明を発表すると，さらに転向者は続出した。

✓ 抑圧された文化

政府による統制と弾圧のために戦前・戦中の文化は飛躍的な発展を遂げることができず，あらゆる面で抑圧された。**太平洋戦争**がはじまると，敵性語の使用も禁止された。カタカナ用語も使用が禁止され，『サンデー毎日』は『週刊毎日』と名前を変えた。野球では「ストライク！」に代わって「よし！」というようになった。

学問・研究への弾圧

ファシズム体制により，自由主義的な学者たちが弾圧された！

✓ 滝川事件

1933 年，京大教授滝川幸辰（ゆきとき）の共産主義的な刑法学説が「国体に反する」という理由で批判され，文部大臣鳩山一郎は滝川を休職に追い込んだ（**滝川事件**）。

大学側や学生はこれに強く抗議したが敗北し，以後，大学の自治や学問の自由が急速に奪われていった。

✓ 人民戦線事件

人民戦線事件は，1937～38 年の**左翼弾圧事件**である。1937 年には，日本無産党や労農派などの運動家が検挙された（第 1 次）。1938 年には，大内兵衛（ひょうえ）や美濃部亮（みの）吉（べりょうきち）ら労農派の経済学者グループが反ファッショ人民戦線を結成したとして治安維持法で検挙された（第 2 次）。

なお，美濃部亮吉は美濃部達吉（→ p. 160）の長男で，戦後には**東京都知事**も務めている。

✔ ファシズムによる弾圧は続く…

1937年には，東大教授矢内原忠雄が退職に追い込まれた（**矢内原事件**）。矢内原は経済学者で，『帝国主義下の台湾』「国家の理想」などで日中戦争を批判していた。

翌1938年には，同じく東大教授河合栄治郎がファシズムを批判して大学を追われた。河合も経済学者で，著書『ファシズム批判』などが発禁処分となった。

また，歴史学者の津田左右吉は『古事記』『日本書紀』の文献学的研究を進めたが，国粋主義者らから「天皇に対する不敬だ」と批判され，1940年に著書『**神代史の研究**』などが発禁となった。

戦時下の国民生活

生活のすみずみにまで戦争の影響が見られるようになる。

✔ 戦時体制下の教育

教育も軍国主義的色彩を強め，1937年に『**国体の本義**』，1941年には『**臣民の道**』などが国民思想教化のためのテキストとして刊行された。それまでの小学校は，1941年に国民学校とその名を変えた。

✔ 生活の切り詰め

人々の生活も「欲しがりません，勝つまでは」「ぜいたくは敵だ」などのスローガンのもとに徹底した切り詰めが求められた。男は国民服を着用し，女は仕事着としてもんぺをはいた。米などの主食の代わりに代用食としてイモ類などを食べることも多くなった。

✓ 生活必需品への統制

戦争がはじまると，**生活必需品が極端に不足するよう**になった。1940 年には，政府が農村から米を強制的に買い上げるようになった。これを**米穀の供出制**という。

国民生活において，米は配給制で手に入れ，衣料やマッチ・砂糖などには切符制がしかれた。

なお，1940 年には**七・七禁令**によって，ぜいたく品の製造・販売が禁止されるなど，戦争中の国民生活は根底から破壊されてしまったのだ。

✓ 戦時中の文学と絵画

戦争文学では，火野葦平が『麦と兵隊』を発表してベストセラーになった。しかし，日本軍の残虐行為を写実的に描写した石川達三の『**生きてゐる兵隊**』は発禁処分となった。また，文人や文化人たちも**日本文学報国会**や**大日本言論報国会**のもとに戦争協力を強いられた。

絵画では画家の多くが**従軍画家**として戦地に派遣され，戦争画が描かれた。戦意高揚のためである。2017 年に実施された共通テストの試行調査（プレテスト）第 1 回の問題に**藤田嗣治**の作品『**アッツ島玉砕**』が出て，その特徴などが出題された。

昭和戦後の文化

戦争が終わると…

GHQ の指示により，教育の民主化が進められた。

✓ 教育の民主化

　戦後，日本の社会はファシズムから解放された。とはいえ，占領期には「プレス=コード」によって占領軍への批判が禁止され，新聞などへの事前検閲が行われた。

　1945 年，**マッカーサー**から幣原喜重郎首相に対して出された五大改革指令の中に，「**教育の民主化**」が含まれていた。GHQ は**軍国主義的教育**の禁止，修身・日本歴史・地理の授業停止などを指令し，軍国主義者的な教員が教職を追われた（教職追放）。

✓ 終戦直後の教育現場

　戦災で校舎を失ったところでは，校庭を使って授業を行い（**青空教室**），教科書の中の軍国主義的な表記部分は墨で塗りつぶして使った（**墨塗り教科書**）。

墨塗り教科書

✓ 教育制度の整備

1946年，アメリカから教育使節団が来日し，教育の民主化が急がれた。そして1947年，第1次吉田茂内閣のときに**教育基本法**と**学校教育法**が公布された。

法　律	内　　　容
教育基本法	理念を示す 義務教育9年制，男女共学，教育の機会均等
学校教育法	具体的な制度を示す 六・三・三・四制の新学制（六・三制）

ここで正誤問題を一つ。

> 「教育基本法により六・三制の新学制が発足した」
> ──○か×か。

（正解：×）

「六・三制の新学制」を具体的に規定したのは学校教育法。教育基本法は理念や教育方針を示している。

なお，教育基本法は2006年，第1次安倍晋三内閣のときに全面的に改正された。

✓ 戦前教育との決別

修身・日本歴史・地理の授業が停止され，1947年には新しい教科として**社会科**がスタートした。

また，戦前・戦中の教育界を支えてきた教育勅語（→p.143）も1948年の国会で失効が決議された。

✓ 教育委員会─委員の選び方は？

政府は教育の地方分権化を図るために，1948年に**教育委員会法**を公布し，それにもとづいて各都道府県と市町村に教育委員会が置かれることになった。

問題は教育委員の選び方だ。はじめは民主教育を理念としたので「公選制」だったが，やがて1956年の新教育委員会法の公布を機に「任命制」に変わった。

学問・思想の分野でも…
ファシズムから解放され，自由な活動が再開された。

✓ 人文科学

敗戦後，人々の価値観は大きく転換した。学問・思想に対する国家的な抑圧が取り除かれ，自由で本格的な活動が再開されるようになった。

人文科学の分野では，天皇制に対するタブーがなくなり，次々と新しい研究成果が発表された。丸山真男（政治学者）・川島武宜（法社会学者）・大塚久雄（経済史学者）などがその中心である。

✓ 自然科学

自然科学の分野では，1949年には湯川秀樹が日本人ではじめてノーベル物理学賞を受賞した。また，同じく1949年にはあらゆる分野の科学者たちの代表機関として，日本学術会議が発足した。

✓ 文化財の保護

1949年の法隆寺金堂壁画（→ p. 32）の焼損をきっかけに，1950年には文化財保護法が制定され，1968年には文化庁が設置されて，重要な文化財の管理にあたることになった。

✓ 戦後の文学

　文壇では『野火』『俘虜記』の大岡昇平，『真空地帯』の野間宏，『斜陽』『人間失格』の太宰治，『金閣寺』『仮面の告白』の三島由紀夫らが戦後文学を牽引した。

　また，司馬遼太郎は歴史小説，松本清張は社会派推理小説の分野で多くの傑作を残している。彼らの作品は，純文学でもないし大衆文学でもない，中間的な位置づけができるということから，中間小説と呼ばれている。

生活・娯楽

焼け跡からの復興。励まし合いながら，力強く生きていた。

✓ 国民生活―復興に向けて

　戦後の国民生活は極度に圧迫されていた。衣食住すべての面において，一からの出直しスタートを強いられた。

　空襲で家を失った人々は，バラック小屋での生活を余儀なくされた。都市部の人々は，食糧を確保するために農村に買い出しに行った。その列車（買い出し列車）はいつも鈴なりで殺人的な混雑ぶりを呈していた。買い出しは「農村から都会へ」ではなく，「都会から農村へ」である。

　廃墟と化した都会の路地には闇市が立ち，公定価格を無視した闇価格での取引が行われていた。闇取引でもしなければ，生きていけない時代だった。東京の新宿・上野などには当時の面影が今でも残っている。

✓ 心を癒したメロディー

　そうした中で，人々の心に癒しと希望を与える歌が街に流れはじめた。並木路子の『リンゴの唄』は明るい歌声で爆発的にヒットした。笠置シヅ子の『東京ブギウギ』の軽快なテンポは庶民の心を勇気づけた。これらの歌は復興のシンボル・ソングといってもいいだろう。

　その後に登場したのが，天才歌手美空ひばりである。天才少女として 12 歳でデビューした。やがて彼女は「歌謡界の女王」として認められるようになる。

✓ 音楽文化の変遷

　ジャズは戦前からずっと存在していたが，1960 年代にはビートルズの来日を機に若者の間でグループサウンズが流行し，1960 年代後半に全盛期を迎えた。コンサートでは失神する若い女性客が続出した。

　その一方では，反戦や社会問題を歌いこんだフォークソングも登場し，若者の間にギターやベースといった楽器ブームも到来した。「モーリス持てばスーパースターも夢じゃない」というラジオ CM が連日のように流れ，男たちは女にモテたいがためにギターを弾いた。様々なシンガーソングライターが生まれては消え，やがて 1970 年代にはニューミュージックに受け継がれていった。

　教科書には，泉谷しげる・桑田佳祐・松任谷由実・ピンクレディー・吉川晃司といった名前も登場している。

✓ 漫画文化の興隆

漫画文化も活況を呈し，**手塚治虫**の『**鉄腕アトム**』，**長谷川町子**の『**サザエさん**』，**藤子不二雄**の『**オバケのQ太郎**』あたりが爆発的にヒットした。

手塚治虫は戦争体験から命の尊厳を知り，医学を志して，大阪帝国大学の医学部で学んだ。こうして医学博士号をもつ異色の漫画家が誕生した。子ども時代から昆虫採集が趣味で，そのため自身の名前に「虫」をつけた。また，長谷川町子はネタ探しのために山手線を何周も乗り続けて人間ウォッチングをしたという。

教科書には『おそ松くん』の赤塚不二夫，『ベルサイユのばら』の池田理代子，『あしたのジョー』のちばてつやといった名前も登場している。

✓ 少年・少女にも週刊誌がブーム！

1950年代半ばから週刊誌ブームがはじまり，『少年サンデー』や『少年マガジン』は**少年週刊誌ブーム**に火をつけた。『少女フレンド』『マーガレット』といった少女向けの漫画雑誌も多数刊行された。

✓ 映画監督

映画監督といえば**黒澤明**。「世界のクロサワ」である。1950年公開の『**羅生門**』でベネチア国際映画祭グランプリを獲得した（1951年）。また，『西鶴一代女』を監督した**溝口健二**も1952年にベネチア国際映画祭で国際賞を受賞している。

✓ マスメディアの発達

1951年から民間ラジオ放送がはじまった。**テレビ放送**では，1953年からNHKが本放送をはじめている。カラーテレビの放送は1960年からである。

民間放送の開始とともに，**CM**（commercial message）を制作する広告業界もあわただしくなった。「スポンサー」などの用語が飛び交うようになり，空前のPR時代が開幕した。

菅野のマメ知識

あの「♪カステラ一番，電話は二番，三時のおやつは〜」（文明堂）というCMが流れはじめたのが1962年。5匹の仔熊が踊るCMソングはいまなお健在だ。

「電話は二番」とは，当時の文明堂の市内局番の次が「0002番」だったことによる。当時は電話も交換台を通す時代だったので，交換手に「○○局の2番」と告げると文明堂につながった。

その後，「**スカッとさわやか　コカ・コーラ**」（1962年），扇千景（おおぎちかげ）の「**ワタシニモ　ウツセマス**」（フジカシングル8，1965年），山本直純（なおずみ）が気球の下につけたカゴの中でタクトを振る「**大きいことはいいことだ**」（森永チョコレート，1968年）などが国民的な人気となった。

しかし，「**わたし作る人，ぼく食べる人**」（1975年）というインスタントラーメンのCMのように，男女差別を助長するとしてクレームがついたものもあった。

マスメディアを媒体としたコマーシャリズムはその後も加速度的に発展した。

高度成長期は…

1955〜73年。経済成長率が年平均10%を超えた。

✓ ライフスタイルの変化

1950年代半ばから日本は高度成長時代に突入し，1956年の『経済白書』は「もはや戦後ではない」といい切った。核家族化が進行する中で，生活文化も多様化し，大量生産・大量消費が当たり前となった。自動車などの耐久消費財や家電製品などの普及によって，生活全般にわたって消費革命が進行した。食文化の面でも，インスタント食品などが急速に普及しはじめていく。スーパーマーケットも店舗拡大に力を入れた。

✓ 一億総中流時代

人々の間では「中流意識」が広がりはじめ，「他人との比較」を意識する生活スタイルも生まれていった。一旦「隣が○○を買ったから，うちも買おう」というあの発想に陥ると，「隣の芝生」は枯れていても青く見えるものである。

✓ 三種の神器

1950年代後半には電気冷蔵庫・電気洗濯機・白黒テレビの三種の神器が家庭に入り込み，女性の家事労働はずいぶん楽になった。

テレビは図体の割に足が細かった。一家に1台なので，ほとんどの家庭では一家揃って同じ番組を見ていたが，チャンネル権争いは日に日に過熱し，大人をも巻き込ん

での壮絶なバトルとなった。チャンネル部分がスコーンとはずれ，テレビはそこから壊れていった。

　1960年代後半には3Cと呼ばれる**新三種の神器**が普及しはじめた。**カー・クーラー・カラーテレビ**がそれである。カラーテレビ放送そのものは1960年からはじまってはいたが，一般家庭への普及率はまだまだ低かった。

	時　期	内　容
三種の神器	1950年代後半	電気冷蔵庫・電気洗濯機・白黒テレビ
3C	1960年代後半〜1970年代	カー・クーラー・カラーテレビ

✓ マイカーがやってきた！

　モータリゼーションは「マイカー時代」を現出し，それを背景に次々に自動車専用の高速道路が作られた。最初の高速道路は1965年に小牧〜西宮間に開通した**名神高速道路**である。自動車の生産台数は，輸出も含めて，7万台（1955年）➡529万台（1970年）と飛躍的に増加した。トヨタカローラと日産サニーが人気だった。

✓ オリンピックと万博

　1964年には，第18回オリンピック東京大会が開かれた（東京オリンピック）。それに合わせて，新幹線が東京〜新大阪間で営業運転をはじめた（**東海道新幹線**）。

　1970年には，大阪で「人類の進歩と調和」のテーマのもと，**日本万国博覧会（EXPO'70）**が開かれた。「行くな大阪，混んでるぞ」と覚えたものだ。そして2020年，再び東京でオリンピック・パラリンピックが開かれることになった。

　ところが，新型コロナウイルス感染症（COVID-19）が世界的に蔓延したことによって，2020年には国内でも多くの感染者や死者を出す結果となった。安倍晋三内閣のもとで緊急事態宣言が出され，外出自粛や密集・密接・密閉の3密回避が求められるようになった一方，食べ物のデリバリーの普及やオンライン＆リモートワークの導入などに見るように，食文化や働き方など従来のライフスタイルに大きな変化が生じた。

　コロナ禍によって，オリンピック・パラリンピックをはじめ，甲子園球場における全国高校野球選手権大会など，予定されていた多くの競技大会が中止や延期に追い込まれるなど，スポーツ文化も大きな影響を受ける一方，人々には新しい生活様式が求められるようになった。

✓ 「教育熱」の高まり

　高度成長期には進学競争も激化し，大学入試にも熱が入るようになった。しかし中には難問・奇問を出題して受験生をふるい落とす大学もあった。この熾烈な状況に対して「受験戦争」といった言葉も生まれた。予備校にも大量の学生が押し寄せるようになる中，1959年，東京に代々木ゼミナールが誕生した。

　当時の国立大学には一期校と二期校という区分があったが，入試制度全体を見直すことを目的として，1979年から国公立大学受験生に対して共通一次試験が導入された。1990年からはセンター試験に，さらに2021年からは大学入学共通テストに受け継がれることになり，現在に至っている。

用語索引
（50 音順）

◎本書に**太字**で登場する語句を中心に，文化史を学ぶ上で重要なキーワードをまとめました。

◎図版（写真・イラスト）を掲載している場合は，該当するページを赤字で示してあります。

◎用語の左側にチェックボックス（□）を用意しました。知識の整理にご活用ください。